U0857510

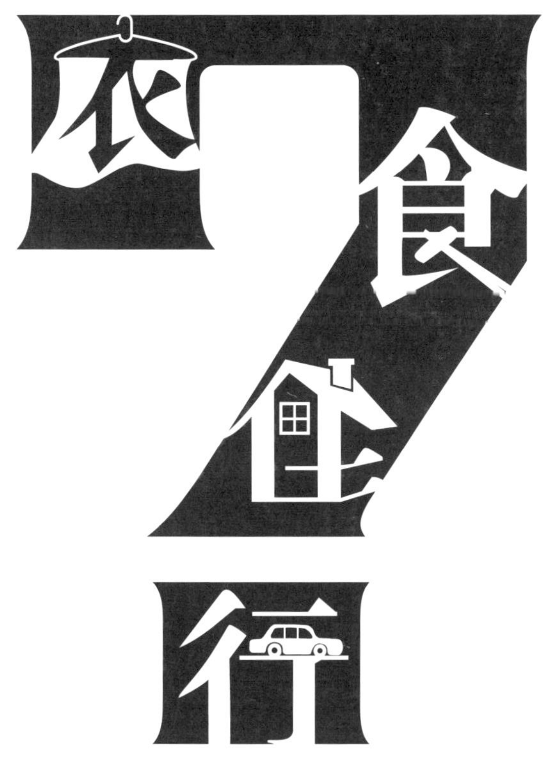

经济学的寻常巷陌

江小鱼◎著

中信出版集团 · 北京

图书在版编目（CIP）数据

经济学的寻常巷陌 / 江小鱼著 . -- 北京：中信出版社，2018.6

ISBN 978-7-5086-8858-9

Ⅰ . ①经… Ⅱ . ①江… Ⅲ . ①中国经济－通俗读物 Ⅳ . ① F12-49

中国版本图书馆 CIP 数据核字（2018）第 074293 号

经济学的寻常巷陌

著　　者：江小鱼
审　　校：宿世臣
出版发行：中信出版集团股份有限公司
（北京市朝阳区惠新东街甲 4 号富盛大厦 2 座　邮编　100029）
承 印 者：中国电影出版社印刷厂

开　　本：880mm × 1230mm　1/32　　印　　张：8.25　　字　　数：180 千字
版　　次：2018 年 6 月第 1 版　　印　　次：2018 年 6 月第 1 次印刷
广告经营许可证：京朝工商广字第 8087 号
书　　号：ISBN 978-7-5086-8858-9
定　　价：48.00 元

目　录

第二卷 住：不可承受之重

第三卷 行：往来的步履匆匆

第四卷 趣：生活背后的经济学

第五卷 杂论：经济学并不神秘

为小鱼序

跟其他自然科学一样，经济学是一门公理性的实证科学。既然是公理性，经济学既可以事前做推断，也可以事后做解释。经济学的公理只有三项：

（1）需求定律，即价格下降需求量一定上升；

（2）成本是最高的代价；

（3）在社会上凡有稀缺就必有竞争，而竞争要有决定胜负的准则。

严格地说，经济学的整体就是那么多，简单而又正确地申述用不着十分钟。有趣的是，今天能掌握这三项公理的经济学者堪称凤毛麟角，很多西方的大学索性不教了。

想当年，我学得很苦。没有任何其他学子曾经像我当年那样，获得多位大师的悉心教诲，而20世纪下半叶的经济学大师我差不多全都认识。虽然有这样的际遇，我还是要在升为大教授之后苦思几十年才能对上述的三项公理基础感到有舒适的掌握。

这就引出了一个有趣的问题：经济学是否一定要在大学选修过呢？奇怪的答案是不一定！经济学鼻祖斯密就没有在大学修过

经济，无师自通，他对上述的三项公理掌握得很好。随后的天才例如李嘉图、密尔、马克思·韦伯等高人也称不上是选修过经济学。近代的经济学大师中，我历来拜服的戴维德只有一个不是经济学的学士。科斯只读过一个商学的学士,而他的主要导师阿诺德·普兰特怎样看也算不上是经济学高人。我自己的主要导师阿尔钦虽然出自名校斯坦福，但他的几位导师，在今天看来，也是名不见经传。

由大学主理的经济学课程是什么时候开始的呢？虽然在新古典经济学之前欧洲某些大学教过经济学，但正规的“专业”大学课程始于 1890 年英国剑桥出版的马歇尔的《经济学原理》。那是一部伟大的巨著，系统而且很全面。虽然马歇尔对经济学理念的掌握逊于密尔，但他推出的经济学的整个架构非常完整，很有理论天赋，一时间他的巨著成为大学教材的中流砥柱。另外，马歇尔重视解释现象与假说验证，虽然从我这一辈达到的水平看，马歇尔的验证操作其实并不到家。

马歇尔是新古典经济学的中心人物，而在同期有几位新古典大师的天赋不逊于他。加起来约一掌之数，他们把新古典经济学搞起来。所谓“新古典”，主要是引进数学微积分的边际分析，从而为竞争与个人争取利益极大化提供了一个有均衡点的理论。可惜这种均衡理念后来误入歧途，跟物理学的均衡挂上了钩，导致另一方面的灾难。大部分的经济学者到今天还不知道，经济学的均衡不是真有其事，而是指一个分析有了足够局限条件的指定，可以推出足以验证的假说。

在经济学中，牵涉均衡分析的数学对推断或解释现象是有帮助的，但绝不湛深。深奥的是局限条件的引进、验证假说的推理与现象细节的考察。漠视这些而把数学方程式弄得复杂高深，虽然有助于发表学术文章或升职，甚至获得诺贝尔奖，但不能帮助我们知道真实世界究竟发生着一些什么事。这解释了例如戴维德、科斯、阿尔钦、德姆塞茨等人基本上不用数学，而他们在经济学方面的贡献远超方程式写得密密麻麻的那一群人的原因。

这就引出了另一个关键问题。要以经济理论解释世事，我们首先要知道真实世界是怎样的。自然科学——例如物理、生物、化学——有它们的实验室。经济学呢？实验室是我们日常生活的世界。不要相信这些年兴起的以人工炮制出来的“行为”实验室那类经济学。要以经济理论解释世事，我们首先要知道真实世界到底发生着什么。

从经济科学的角度看，我们每个人每天都在观察这门科学的实验效果。问题只是观察的人一般并没有试图解释，或没有想到经济学。实际上，任何人类的行为，或任何人类行为带来的效果，皆可用我在上文提到的三项经济学公理做推断或解释。

这就把我们带到了我在这里为之写序言的江小鱼的这本书。据我所知，在大学时江小鱼选修的不是经济学，但这些年他喜欢读我写的那套《经济解释》。不易读，但他读了几遍。江小鱼对世事的观察多而杂，一般都有趣，而他是用上《经济解释》的基础思维，试着做解释。解释得对吗？我可没有细心地研究过。然而，经济解释这回事，初学的人用不着关注是对还是错。重点是尝试，而在解释的过程中最好能朝着有趣的方向走。

科斯曾经几番对我说，我们今天认为是对的理论，到了明天有很大机会会被认为是错的。是的，就是施蒂格勒认为是20世纪最重要的经济学思维——科斯定律——1982年我指出在基础的重点上是错了：没有交易费用不会有市场，所以他的定律可以说是全军覆没！然而，科斯定律可没有因为它的大错而成为废物。正相反，因为科斯的错我终于成功地解释了为什么会有市场。我要用上20多年的时间才想出为什么会有市场的正确解释。

2008年，在芝加哥，我那个拿了两个博士学位的儿子问科斯，说自己做生物研究，很苦闷，不知自己将来会发展为什么样的研究者。科斯回答说："不要管这个问题。你不断地走下去，说不定会一脚踏中重要的贡献，我的一生就踏中过两次！"

我自己就是这样在经济学问上行来行去50多年。比科斯幸运的是，我踏中过多次。没有科斯那么幸运的是，我踏中的没有他的那么重要。说不定，有朝一日，我的多次踏中加起来会比科斯的两次加起来重要。这是将来写经济思想史的学者的判断了。

江小鱼这本书显示着他也正在行来行去。继续下去他也有一脚踏中的机会。是有趣的尝试，继续下去会有不枉此生之感。是成是败是另一回事。

张五常

2018年1月3日

自 序

大学毕业前后的几年，我随大溜读了不少文史哲方面的书。始终是一些零碎知识，难以形成体系，而且容易受价值观的影响，有些甚至是“越读越糊涂”。直到接触了经济学，多了这个分析工具，眼里的世界才慢慢清晰起来。观察到一些现象，下意识地会问“为什么”，而不是像以前那样先做价值观或道德上的评判。

和我们小时候读的《十万个为什么》这类自然科学的问题不同，经济学方面的问题都和人有关。货车为什么普遍超载？外商为什么要验厂？人们为什么会在宴会上点吃不完的菜？出租屋的水电收费为什么会比普通住宅的贵？左思为什么不收取《三都赋》的版权费？能收看 TVB（电视广播有限公司）的广东地区观众为什么无法看到原来的广告？山边的泉水为什么不收费？医生为什么会滥开抗生素？……对这些问题，道德论者会有一套答案，而经济学的答案是另一套。

既然经济学和人有关，就避不开政府。人们经常把对改善社会的美好愿景寄托在一些政策的实施之上。比如，通过劳动法案来提高最低工资标准、增加劳动者的带薪假期、制定最严格的食品安全标准、用反垄断法约束卡特尔、保护消费者……这些政策在公众眼里普遍是正面和善意的，他们以为能够凭此保障或增加大多数人的权益。而经济学的分析，直指其非，如同一个总是站在公众的对立面破坏美好愿景的“恶人”一般。

至于经济学对这个社会是否真有影响力则另当别论。中国传统读书人多有张横渠“为天地立心，为生民立命，为往圣继绝学，为万世开太平”的抱负，更愿意赋予经济学“经邦济世”的功利性阐释。但伟大如诺贝尔奖得主弗里德曼，担任过两任总统非正式顾问，亲自主持电视节目向公众宣传自由市场并普及经济学知识，他晚年时还说自己的影响力为零。这并非故作谦逊之语，而是源于对这门学问的深刻认识。人们对自然科学容易取得共识，但经济学分析的是在约束之下人的选择行为。除了这门学科本身的困难之外，更有错综复杂的利益集团有不同的诉求，“共识”何其难也。

经济学虽然没有改造社会的功效，但对增进个人逻辑思考能力、拓宽思维却是大有助益的。梁任公初读龚定庵文集，慨叹“若受电然”。读经济学，我虽后知后觉，苦思冥想之后也有过多次豁然开朗若受电然的感觉。这里与大家分享一二。

首先是科斯定律。科斯定律的一种表述，是说产权明确且交易费用为零，资源的初始配置不影响使用效率。就是这样一句似乎非常笼统的话，是我初读经济学的最大障碍。翻来覆去看原文，也看过不少人的转述和分析，依然感觉似是而非。我觉得最主要的关卡是价值观的影响。从一开始囫囵吞枣读下，慢慢琢磨，到终于有一天不知怎的脑子如触电般，忽然就转过弯来了。

其次就是费雪的《利息理论》。这本格言比比皆是的书，虽有陈彪如先生的上佳译本，但并不容易懂。收入、利息、财富、投资等术语，在费雪那里，构成的是一个逻辑非常严谨、清晰的体系。资产的价值，是未来收入流的折现。投资是消费在时间轴上的权衡。每个人存在不同的不耐度（即时间偏好），他们通过市场交换，最终时间偏好在边际上相等，形成了利率。厘清这些，一片明晰，喜难自禁。

可以说，反复揣摩科斯定律，一个人就不容易再滑进道德观、正义论的泥沼里，也不容易受到奥地利学派的一些无政府主义、先验主义观点吸引。而理解了费雪的《利息理论》，知道利息不过是提前消费之价，就会洞悉所谓的“剥削论”的观点错在哪里。

无论是科斯定律还是费雪的《利息理论》，我和大多数人一样，都是从张五常教授的书中接触到的。而我的经济学启蒙，正是来自他早期的书，例如《卷帘集》《中国的前途》《再论中国》《卖桔者言》等。这种独特的经济散文，谈天说地甚至诗词歌赋之中夹杂学问，让没学过经济的人也读得进去，不知不觉中接受产权、交易费用、市场等概念。

至于《经济解释》，更是洛阳纸贵，一剑霜寒。可以说，这本著作已经产生的以及将会产生的影响力，怎样高估都不为过。武断的假设，简单的理论，容不得逻辑上的一点尘埃，面对复杂世界抽丝剥茧，无论解释还是推断皆让人叹为观止。而书中有关成本、租值消散、挤迫理论、仓库理论等的分析，更是星汉灿烂，异彩纷呈。

记得第一版《经济解释》面世后，我根据网上的资料制作了CHM（一种已编译的HTML文件）格式的电子书，流传甚广。一次张教授在某大学讲学，有人拿我这个版本打印出来的书找他签名，他打电话来“兴师问罪”，当然是开玩笑的。倏忽十许年，《经济解释》从三卷变成了五卷，我则从当年“非法编书”，到如今参与编辑五卷本，可谓躬逢其盛与有荣焉。这次编辑，历时经年，斟字酌句，有疑问的随时请教，也有了更深一层的理解。

大概从2007年开始，我相继为多家报刊杂志撰写经济专栏，持续了七八年。本书内容主要来自这几年的专栏。在此期间，我还在企业从事IT（信息技术）管理，看到企业主的经营殊为不易，也看到了企业和客户、供应商之间以及内部管理各种合约的精彩，对何谓“真实世界”多了不少认识。

囿于专栏篇幅、体例和阅读对象，这些文字并非严谨的学术研究，多从时事或身边事入手，试以经济学理论做解释。时间跨度多年，有不同的理解层面，疏漏难免。但写这些文字时，“成本”“交易费用”“合约”等词在我的脑中挥之不去。

近几年多次有出版社相邀，主要是自己的疏懒，没心思去整理文字，最后都不了了之。直到高小勇老师有一天用微信发来信息，说正与出版机构策划丛书制度性推广“经济学帝国主义”，邀我“入伙”。他多次督促，有“考拉看看”的策划，终能顺利成书。

感谢张五常教授为本书写的序言。在经济学的寻常巷陌里行来行去，东张西望，我并非奢望会踩中什么，或者期待有“万一谈经引到渠”的幸运，而是觉得这本身就是一件有趣的事吧。

江小鱼

2018年1月9日

第一卷　吃：饭碗里的经济学

人们为什么喜欢“浪费”？

觥筹交错的宴会过后，不少菜肴基本没动过就白白扔掉了，盛宴最后变成了“剩宴”。这是媒体不时热议的浪费现象，而国家领导人也在不断公开提倡勤俭节约精神，反对铺张浪费，有人大代表进而建议应该制定防止浪费的法规。媒体采访农业专家袁隆平时，他也认为我国人多地少，好不容易提高了单产，但却被浪费，故此建议政府出台法规，把浪费当成犯罪来处罚。

传统认为勤俭节约是美德，那么浪费就属于道德范畴的问题了，甚至有时候连道德问题都算不上。因为不可能有固定的标准定义浪费，唐代人有诗云“一丛深色花，十户中人赋”，“金樽清酒斗十千，玉盘珍羞直万钱”，从某种角度来看，这些都是浪费。你一个人住 200 平方米的房子是浪费；十几万元就可以买到的代步车，但你却花了 200 万元，这也是浪费。张五常教授有一次演讲谈到房屋空置率问题，有人提问说一些人有几套房子，空置率高是浪费，如何解决？张教授半开玩笑地反诘“唐玄宗后宫佳丽三千，你说这是浪费吗？”

有一个广为人知的笑话，一个饥寒交迫的穷人发誓说如果日后自己富裕了，就天天吃肉包子，而且吃一个扔一个。这个笑话的一些隐含内容其实被忽略了，在现实中不存在有钱就希望浪费的人。穷人如果真有钱了，就算他要扔包子，也一定是要扔给别人看，让人不再小看他，他不会一个人偷偷在家扔。在局限下争取最大利益，这是经济学的核心。而媒体所报道的盛宴变成剩宴，当然也不会是故意浪费。这里的原因，就是经济学所说的约束条件。

我们在内地影视作品当中见过这样的场景：一群人吃饭，菜点得很多，饭后争着买单，服务员问是否打包，买单的人慨然说不需要打包，但回到家后念念不忘那条没动过的鱼。这其实就充分说明这些人不是真要浪费，而是希望别人更看得起自己，也就是俗话说的要面子。而倾向于过量点菜的，以政府和商业招待居多，家人吃饭，极少有这样浪费的。一些公款吃喝、供应商招待客户的宴会最容易出现浪费，网上所报道的例子也大多属于这些场合。这些场合，主人宁愿多花钱，也不愿意得罪客人。

另外，倾向于多点菜也和中餐饮食模式有关，大家吃的都是同一个碟子的菜，但西餐分菜而吃，各点所需，每个人的食物需求都在点菜的时候公开，单个人基本很少点远超过自己食量的食物。而中餐不同，一般宴会场合，主人是不可能餐前逐个问人“你有几成饿，要吃多少块鸡肉、多少排骨、多少青菜”的，也就是说，要知道每个人对食物需求量的信息成本是很高的。故此，主人一般会取需求的最高值点菜，“不够吃”是大忌。我还记得有一次母亲过生日，在故乡的饭店请了两三桌亲友吃饭。我量人点菜，后来菜基本都吃完了，我本来挺高兴，但家里人回去后却跟我说应该多点一些菜，没有剩菜被视为没有面子的事。

而饮食习惯还有一个因素也导致人们不愿意打包，那就是很少使用公共餐具。某些地方如果有人提议用公筷甚至会因此得罪人：你要用公筷是不是怀疑我有健康问题？虽然一起吃喝时貌似豪爽不羁，但私底下却还是会揣摩食物被夹来夹去不干净，因此不浪费食物要求打包的需求变少了。而市场经济发达人们收入普遍高了，文明程度也会提高，如今大城市的宴会使用公共餐具的现象慢慢增加了，市场经济越不发达的地方，就越讲所谓的面子。

人都是趋利避害的，你看到的是某方面的浪费，看不到的是为了更大的利或者规避更大的害而不得不为之。关键是存在着信息费用。饭馆每天要倒掉不少食物貌似浪费，然而你不可能精确预知，每天的顾客人数是多少，在某个价格之下他们对每样食物的具体需求又是多少。由是观之，袁隆平先生认为要用法律去管束浪费是越界发言了，所谓“浪费”是用者自负，不应付诸法律层面进行讨论。如果说公款吃喝最容易引起浪费，那么法律要管的不是浪费而是腐败。

泉水免费背后

大城市有大城市的好处，小城市也自有小城市的便利，而容易找到一处口感上佳的泉水，泡茶做汤皆可，无疑是其中一项了。我所住的小区傍山而建，山脚处有一泉眼，水质清澈甘甜，本地村民一直使用，并在泉眼处打了一口水井，加上盖子、水管，保护水源。

来取水的人越来越多。平时我们一般晚上去，经常八点多还有不少人，是时天朗星稀，虫声交织，陆续有人来，有的排队等候，有的看人多转身而去。夏天水流较大的时候，即便人多，等候时间也不会很长。到了冬天，因为水流大为减少，排队的现象就更为明显了。

从出门到取水回家，花费了一个半小时，朋友笑说，这水也太贵了。于是我便想这样一个问题：泉水有价，排队无期，为何不收费？比如，村民可以一桶水（按照30千克标准）收2元，不负责送水，只在一旁收钱。按照现在的水流速度，大概测算了一下，装满一桶水需要10分钟左右，一小时12元，一天上班10小时。考虑到如今免费取水，中间也有两三个小时水是白白流掉的，收费后人少一半，大概能收50元左右。显然，这种收入并不具备多大的吸引力。

另一种办法可以完全消除排队现象，那就是成立一个矿泉水企业，对矿泉水进行灭菌处理，送水上门，每桶 10 元。然而，要符合资质，投入资金不少，并且也增加了信息费用，不一定能赚回利息，因为市面上的桶装水也 10 元左右。但目前该行业众所周知的潜规则是水源多取自自来水。许多人宁愿自己来排队取水，就是要确认自己取的是真正的山泉水。一旦送水上门，信息不对称的可能性就会大增。

免费供水，村民并非没有得益。如今来取水的人多了起来，而周围不少菜地，也是用山上流下的泉水灌溉。此处泉眼，无疑成为广告，即便价格稍贵，顺便来这里买新鲜水果蔬菜的人也有不少，农民把菜运到市场销售前就可以直接卖掉一部分，不但节省了运费和时间成本，售价还稍高于市场。而不久前，因为通向菜地和泉眼的小木桥要改成水泥路，有村民拿着本子，向取水者募捐修路，10 元即可，多多益善，大多数人不好意思拒绝，这也是收入。

这种产权基本明晰下的非价格竞争制度安排，并非反市场的，也并非所有排队现象都是由于政府的价格管制造成的。有人一看到排队现象，就认为是无经济效率的，这失之偏颇。排队是价格之外的一种竞争规则，人们也不会无限期地排下去，他们会自己调整时间，在人少的时候来取水。

有一个类似的例子是血液供给的制度安排。华盛顿大学的巴泽尔教授曾经论述过为何献血的质量高于卖血的质量。因为血液质量的检验费用较高，通过市场购买血液，更容易带进病毒。有这样一句话，“当慷慨大度给自己带来的好处明显优于斤斤计较时，就靠自愿的慷慨来决定资源的配置”。献血者一般带有道德上的优越感，他们知道自己身体健康才会去献血。因此，社会就倾向于鼓励人们义务献血。

当然，必须考虑约束条件的变化，巴泽尔写作该书的时间，距今已经超过40年，血液质量检验技术也今非昔比，并且单靠献血也难以应付血液的需求，所以如今很多地区都是鼓励献血和收购血液制度同时存在。

同理，如果我平时取水的这个泉眼，未来一天出水量大增，水质不变，具备一定的规模，免费的泉水很可能就此结束，因为收费送水会更具有效率。

经济低迷期的福利改善之道

许多人都有这样的经历，去探访久违的朋友，或者有朋自远方来，皆不亦乐乎。这个时候，作为主人，予以款待一番是自然，只恐礼数不周。我们便见识惯了“鱼肉满桌、宵夜直落、不醉无欢”的景象。杯盘狼藉之余，话没说多少，最后各自半醉归去。

结果可能是这样：客人很可能并不喜欢这种过于隆重的招待方式。如果可以自己选择，宁愿几碟简单的小菜、一杯清茶畅谈一番。然而，每每主人总是恐怕招待不周，客人唯恐辜负了对方的盛情，都不愿意说出自己的意图。双方出于好意，而最后的结果并不能增进双方的福利，其实是陷入了困境。

这和众所周知的“囚徒困境”起因不同，但结局一样。囚徒困境指博弈双方为了争取各自的利益而导致双方利益受损，总效益最低，是一种低效率的博弈均衡。而这种朋友之间的相聚引来的困境，我们不妨称为“德拉-吉姆困境”。这个词来自欧·亨利的一个短篇：德拉为了筹钱给丈夫吉姆买圣诞礼物，卖掉了自己一头漂亮的长发，买了配丈夫手表的白金表链。与此同时，吉姆却私下卖掉了心爱的金表，为德拉的长发买了一把漂亮的梳子。

小说的男女主人公的爱情固然感人。然而从另一个角度来看，他们珍爱对方，为了寻求对方效用的最大化，私下行动，但最后的结果却是双方的福利都受到损害。在博弈理论中，有一个称为性别战（Battle of Sexes）的博弈和德拉 - 吉姆困境有些类似。

有热恋之中男女，男喜欢去书店，女喜欢去逛街。会有四种不同的选择：男看书女逛街、男逛街女看书、男女一同去逛街、男女一同去看书。因为他们是热恋男女，所以双方愿意待在一起，愿意沟通，故此最后会有两种最优选择：一起去看书或者一起去逛街。经济学家把这种选择称为纳什均衡（纳什是 1994 年诺贝尔经济学奖得主之一，影片《美丽心灵》的原型），即博弈各方都不能因为凭自己的单独行动增加收益，这个策略组合就是纳什均衡点。

德拉和吉姆所面对的困境，本来是非常接近性别战博弈的。无论德拉给吉姆送表链还是吉姆给德拉送梳子，都是最优选择，次优选择是互相都不送圣诞礼物，而最差的选择则是小说所写的。德拉和吉姆陷入的困境，并非无法解开，关键在于“沟通”二字。

想起此前一位朋友告知的事。他和几位同事到外面吃饭，酒酣饭饱之后，大家争着买单，这位朋友最后胜出。回去之后觉得有些不对劲，费用似乎偏高了，而后来他和同事谈起，他们都说当时就觉得偏高了，而大家这个时候都不好意思仔细看账单，都抢着付款。可以猜测，一些不太诚实的餐馆收银员，当发现一群人争着买单时，他们会认为这群人对价格不敏感，作弊的可能性就会增大，多收的部分可以装进自己的口袋。事实上，不少人现实中的经验也印证了这一点。

还有一种情况，一群朋友周末可能会一起打打球，吃吃饭，结账的时候会争着买单，从较长的一段时期看来，每个人买单次数其实相近，他们虽然没有约定，但基本是轮着买单。然而，因为每次是一起吃饭，其中某一个人心里有数，今天到自己买单了，为了面子，故此偏向点过多的菜。这样下来，这群周末聚会的朋友，大多数情况都是点了根本吃不完的菜。

这几种情况，其实都可以称为德拉 - 吉姆困境。解决的唯一办法，在于“沟通”二字。

抢着付账的人，不妨给钱之后仔细核查账单。周末聚会的朋友，不妨设立一个共同的账户，平时一起消费时就用里面的钱，用完了大家再凑钱。这些行为都有助于增进大家的福利。在全球经济普遍处于低迷状态的今天，突破困境，寻找均衡，无疑具有较大的现实意义。

云吞面能救市吗?

前几年，时任香港特区政务司司长唐英年偕同政府官员到街市吃云吞面。当时圣诞、新年虽即将到来，但在全球金融危机的冲击之下，经济低迷，失业率攀升，市场消费能力疲弱。唐司长带头消费的良苦用心显而易见。

有意思的是，唐司长在解释这次购物之旅选择云吞面店作为首站，是因为云吞面是香港的特色食品。他更以云吞面为例，指出制造云吞面涉及多个工序，包括物流及零售，他呼吁香港人在能力所及的情况下适量消费，以便促进经济增长，保障就业。

关于广东省地道小吃云吞面的制作流程，其实还可以说得更仔细：农民收割小麦，送到加工厂，小麦经过搭配、清理、水分调节和研磨筛理等工艺流程，制成面粉。餐馆采购面粉、鸡蛋、猪肉、鲜虾仁等原料，采购员、厨师、厨工等分工合作，制作云吞皮，包好馅料，熬好上汤……一碗云吞面才告完成。要想赢取顾客，煮出来的云吞面要香味形俱佳，云吞皮要薄，汤料要新鲜，整个过程不许有差池。

是的，一碗云吞面，的确如唐司长所言关涉广泛，甚至可以说涉及了人类生产链条的许多环节。完全可以把这个流程再细述一次，一本书也不嫌多。然而，如果我们仅是为了明白“一样简单的商品很可能包含了生产工艺的多个方面”这个道理，有了里德的*I,Pencil*（我是一支铅笔）一文,这个工夫可以省了。伦纳德·里德于1958年发表的这篇经济散文，以铅笔的生产流程为例，叙述了市场自然分工与合作的伟大。

如同伦纳德·里德说的，铅笔从头到尾，涉及多种材料，无数种工艺，然而“并没有一个主宰者来发号施令，或强制性地指挥生产我的这无数的生产活动。一点都没有存在这种人物的迹象。相反，我们发现，看不见的手在发挥作用”。“铅笔是种种奇迹的复杂的结合：树、锌、铜、石墨等。然而，在大自然所显现的这些奇迹之外，还有一个更为神奇：人的种种创造精神的聚合——成百上千微不足道的实际知识，自然地、自发地整合到一起，从而对人的需求和欲望做出反应，在这个过程中，竟然没有任何人来主宰！”

消费者购买铅笔，不是鼓励人们说“铅笔涉及各行各业，多消费铅笔能够促进经济发展”，而是他们真真切切有用以写字或者涂鸦的需求。那么多人投入到生产一支小小的铅笔的工艺流程，不是有什么“号令群雄”的倚天剑、屠龙刀，而是市场需求的信息激励了他们。

如果现在有人告诉你，多吃云吞面能救市，不妨问一下他，是否该用买铅笔的钱去吃云吞面，那样岂非救了“云吞面的市”却放弃了“铅笔的市”吗？这人可能会说，云吞面和铅笔都应该增加消费。也就是说，原来一星期用掉一支铅笔，一天吃一碗云吞面，现在为了刺激经济，增加就业，拯救市场，不妨一天用掉一打铅笔，吃掉一桶云吞面，买上几十套衣服，再搭乘十次出租车，坐两次飞机，去医院多看几次病。岂非就能货如轮转，各行各业都生意兴隆通四海吗？谁都知道，那是浪费，而非消费！当然，有人还会辩解说“现在表面上的浪费，是为了拯救市场，增加以后的消费能力”。面对这样语无伦次的人，你不妨把他狠揍一顿，然后告诉他这样是帮他锻炼身体，提高挨打的能力，以后再被打就没那么痛苦了。

在“救市”“刺激经济”“增加就业”这些带有所谓的“宏大的题材”的词汇面前，我们很可能会缺失一些最基本的认知和逻辑推理能力。这个时候，必须回到常识的起点，明白一个简单的道理：铅笔是用来涂鸦的，云吞面是用来充饥的，无关“救市”的宏旨。

医生为何滥开抗生素？

在次贷危机爆发期间，英国“全国卫生与临床学会”出台了关于抗生素药品使用的规定，按照规定如非必要，医生一般不得给患有轻微耳道感染、咽喉炎、感冒、咳嗽等病症的患者开具抗生素类药品处方，取而代之的是建议患者回家休息或服用止痛片。

事实上，英国相关机构出台的新规，是和医生习惯滥开抗生素有关的。不可否认，抗生素自从出现以来，已经挽救了无数生命，人类平均寿命也因此大幅度提高。然而，人们也因此过于依赖抗生素，例如2007年英国医生就开出近4000万个抗生素处方。

众所周知，滥用抗生素容易使病菌产生抗药性，不少患者患有严重疾病时因无法得到有效治疗而死亡。既然众所周知滥用抗生素的后果，医生为何仍乐此不疲呢？

主要的原因是抗生素导致的抗药性在短期内并不那么容易被观察到，加上患者希望尽快减轻病痛折磨的心理，故此虽然医生的专业知识告知他滥开抗生素的后果，然而在面对细菌感染时还是首选抗生素。

并非没有特例。在与珠三角地区相比还算是穷乡僻壤的家乡，我父母所在的小区，一般人有头痛发烧的小病，常会去住在这里的一位医生开的私人诊所看病。而这位医生对抗生素药物的选用就比较慎重，不会随意给患者开服。他会把滥用抗生素的后果告知患者。

我们知道，英国建立了覆盖全国的国民健康保障制度，医疗机构分为社区诊所和医院，一般的病情人们会到社区诊所求医，而需要急诊或者社区诊所无把握的疾病，才到医院去。当然，大部分是免费的。

家乡那位医生，医术可能并不比英国社区诊所的医师高明。但他对抗生素态度的慎重,却明显超过英国的医师。有理由相信，英国社区的医师,尽快治好患者的心情会比我家乡那位医生要急。因为英国社区医生工作地点流动性比较大，如果医生治愈率高，就容易升到正式医院做医生。可以说，英国社区医生是对某次病患负责，他所要解决的仅仅是一次孤立的病痛。

我家乡那位医生是从国有企业的卫生站出来的，私人诊所已经开了近十年，平时找他看病的多是相识已久的邻里，他会更注重长期口碑的积累。这种制度的差别无疑会造成这位私人诊所的医生比英国社区医师更注重患者的长期健康。

滥用抗生素实际上是一个全球性难题，这其实也和医疗体制有关。相对其他行业而言，医疗行业普遍会受到更多的限制，政府干预的色彩也更为浓厚。英国有关机构希望通过一纸新规来进行监管，但这不一定会比本人家乡那家私人诊所有效。

食品安全“高标准”的成本

此前，国家食品安全风险评估中心一位主任助理关于食品安全的话使他成为关注的热点。在接受媒体采访谈及食品安全标准制定时，他说要考虑国情，除了保护自己的健康外，同时还要促进整个食品行业的健康发展。“举一个简单的例子，如果大家都拿欧盟的标准来要求北京空气质量的话，那天天都不合格。”

在微博上有不少人炮轰这位主任助理，认为他为伪劣产品张目、罔顾食品安全，我却认为他是一位有责任感的公务员。有道理的话不一定受用，要在口头上讨好民意是再容易不过的事了，这位主任助理大可以说，我们要制定全球最安全、最严格的食品标准，要严厉惩处不符合标准的企业，要坚决维护消费者的权益。人们爱听这样冠冕堂皇的话，却忽视了高标准的实际成本。

市场对商品质量的需求是千差万别的，也在不断变化。有人需要锦衣玉食，有人但求三餐一宿。即便同一种原材料，因产地、级别等不同，价格可以相差几倍甚至数十倍。市场因人的不同需求而细分，例如奶粉，有全脂、脱脂、低脂肪、高钙、低钙等类别，还有因地区、年龄、体质而不同的配方。也就是说，其实竞争可以促进市场细分，形成自发的行业标准。

官方标准一般情况下也是参考市场实际情况而制定的，但如果为了迎合民意抬高标准，市场信号会受到严重干扰，甚至增加事故。这不是耸人听闻，2008 年的三聚氰胺事件，其原因就在于牛奶检测标准中的蛋白质含量定得过高，而我国奶牛养殖业多是小规模散养户，牛奶的蛋白质含量不稳定。农户为了达到标准，想方设法提高蛋白质含量，最后导致添加俗称为“蛋白精”的三聚氰胺。

而 2010 年国家实行新的《生鲜乳收购标准》，把每 100 克生乳蛋白质含量下限从 2.95 克降到 2.80 克，菌落总数上限已经改为每毫升 200 万个。可以说，这是一种纠错行为，纠正以前不切实际的标准。但“全球最差标准”“世界乳业之耻”“不如白开水”的激烈批评铺天盖地。

民众和媒体似乎有一种画饼充饥的癖好，认为标准高了，市场产品质量就会提高，而降低标准则是鼓励劣质产品盛行。要知道可没什么标准规定一碗鲜虾云吞面里鲜虾的数量、大小和质量，这样是否就等于鼓励商家选用劣质虾制作云吞面呢？那样做他们很快会被市场抛弃，因为消费者有用脚投票的权利。实际情况是商家总在千方百计提高质量希望赢得顾客青睐，一次意外质量事故在众口相传之下足可以导致门庭冷落。

标准的管制其实是价格管制的一种模式，因为在其他条件不变的情况下，提高标准等于要求商品降价。在价格管制之下，人们的支出不会减少，只不过是通过其他代价来弥补：排队、关系、权力大行其道。同理，标准要求过高的最大用处，是增加了官员寻租的空间，促进了所谓的“潜规则”盛行。

道理很简单：既然大多数商品难以达到标准，大家都是违规者，那么企业的生杀大权就掌握在官员手里了，他可以名正言顺地走进任何一家企业进行查处。故此，大多数潜规则的盛行，一般是既有规则不合理的结果。过高的标准要求，其实是鼓励企业在贿赂官员而非质量改进上耗费更多的财力。

这点不妨看看孔子评论子贡和子路做好事的极具智慧的话。《吕氏春秋》记载，子贡在国外赎回了自己的同胞，不愿意去领取应得的报酬，孔子批评他说，你这样开了个不好的头，导致其他人以后不敢领取报酬了，但同时也不愿意赎回同胞了。而子路救了溺水者，对方送了一头牛给他作为酬谢，子路坦然受之，孔子听了很高兴，说以后见了溺水者谁都会去救的。

孔子的高明，是明白把道德标准定得过高，大多数人做不到，这样反而不利于社会整体道德水平的提高。同理，过高的食品安全标准，大多数企业难以企及，产品质量低劣的企业更愿意通过贿赂手段取得符合标准的证明，而只愿意耗费财力提高食品质量的企业反而会因为不符合标准而被淘汰，总体的食品安全其实是降低而非提高了。

谁在抢夺新生婴儿的“第一口奶”？

中央电视台曾报道过一些奶粉企业为了抢占市场份额，用尽手段，比如购买孕妇名单、通过医院代售奶粉或者是派送奶粉样品、印发含有奶粉品牌的宣传疫苗手册、通过赞助学术会议模式笼络医生，甚至贿赂医生和护士给初生婴儿喂自家品牌的奶粉，抢夺新生婴儿的“第一口奶”。

媒体的不断跟进引起了不少人特别是年轻父母的震惊甚至恐慌。随后有消息说南京一名新生儿父母因为看了第一口奶的相关报道，为了等母乳，坚持不肯让孩子吃配方奶粉，导致婴儿18个小时滴水未进出现脱水高热症状，危及生命。“第一口奶”真有那么可怕吗？

虽然母乳喂养的好处医学界早有共识，但是配方奶粉依然是确保婴幼儿能有足够营养的最好替代品。如果母亲本来营养不良，或因为身体状况、时间原因难以提供母乳喂养，配方奶粉便是婴儿最好的营养来源。而且医学实验也证明婴儿从一个奶粉品牌转到另一个品牌，或者从奶粉转到人奶其实并不困难，并没有证据表明“第一口奶”会使婴幼儿产生依赖。

既然所谓的通过“第一口奶”使婴儿对其品牌奶粉产生依赖

之说基本属于无稽之谈，为何奶粉企业还要乐此不疲地在医院花费那么多的财力物力呢？实际上，这是再正常不过的广告营销行为。妇幼医院是婴幼儿集中地，在这里联系家长、进行产品宣传既方便，也具有规模效应，他们会降价销售甚至给家长免费赠送产品。

如果他们是在街头赠送，那么很多人会排长队去领取，也不会有人觉得这样有什么问题。怎么场合换到了医院，就变成了居心叵测的阴谋呢？实际上，我一个朋友的小孩两年前在妇幼保健医院出生，当时就有奶粉厂商主动联系，随后一直到两岁断奶这段时间断断续续收到他们免费提供的多罐奶粉，奶粉厂商每隔几个月就打电话询问情况，没有令人生厌的推销行为。

医院每天有不少婴儿出生，并非所有婴儿的母亲都能随时提供母乳。医院本身会配备奶粉，这当然是再正常不过的事了。不仅如此，纸尿布、奶瓶等其他婴儿物品也要配备，医院对孕妇和婴儿健康负责，他们会使用山寨厂家生产的不合格产品吗？通过报道我们也看到，在医院宣传产品的基本是大品牌企业，他们希望通过家长的口碑相传而进一步扩大产品的知名度。

至于奶粉企业为何不直接和医院谈判达成合约宣传其奶粉品牌，而是要间接笼络和收买医生、护士，我想其中一个重要原因，就是相关的法规对此有管制。现行的《母乳代用品销售管理办法》明确规定，生产者和销售者不得促销母乳代用品，包括降价销售、赠送产品、礼品、样品，以及产品展示、积分回馈、发放产品宣传资料等，而医疗卫生及有关机构也不得向孕产妇、婴儿母亲及其家庭成员宣传、展示、推销或者代售母乳代用品。另外，由于目前多数大医院的公立体制问题，医院管理者属于政府委任，他们的目标不一定和医院租值最大化方向一致。服从上级命令，不违反政策法规是他们首要关心的，至于是否能通过协助奶制品企业宣传为医院赚取一笔收入，就不那么重要了。

我们都知道，一项重大体育赛事，运动员会穿着某品牌服装，使用品牌运动器材，球衣、运动鞋、球拍……无不如此，这是因为商家和球队或者运动员个人签订了一揽子合约，球队和运动员赚取收入，商家达到宣传产品的目的。而由于法规约束，医院却不敢和奶制品企业达成使用和宣传品牌的协议。奶粉企业和商家只好把宣传行为从“地上”改到“地下”了，从直接和医院签订合约转到私下贿赂医生、护士来宣传品牌。故此，“第一口奶”并不如想象中那么可怕，而宣传母乳喂养的重要性和允许医院有权利为婴儿的父母选择奶粉品牌是可以并行不悖的。

中储粮林甸直属库大火烧出体制弊病

几年前黑龙江省中储粮林甸直属库的一场大火，造成了严重的经济损失，也反映出我国粮食储备的体制弊病。无论是从储备量还是储备率来看，我国粮食库存数字都是惊人的。目前包含小麦、大米、玉米在内的粮食总储备已经高达两亿多吨，占了年均粮食总产量的四成左右。

惹来祝融之灾的这个粮库，核定容量为 7 万多吨，但实际库存接近 15 万吨，远远超过库容能力，并且还在继续接收粮食，随意堆放在地上。究其原因是中央财政按千克计算每年给予补贴。据统计，中央财政每年对粮食企业补贴高达数百亿元，此外还有中央储备补贴、地方储备补贴、超储粮补贴也高达数百亿元。

人们习惯用水库来比喻粮仓，平时收纳雨水，遇到干旱季节则开闸抗旱。实行粮食储备的目的，是保障粮食安全，平抑过大的粮价波动。当粮食价格涨得较快时，就放出供应市场，平抑粮价。然而，在国企经营模式下，人们容易看到好处，却忘记了更大的成本。

根据 2011 年初的统计数据，中储粮系统拥有 600 多个直属粮库。建造和维护这些直属粮库的成本是高昂的，例如广州曾通过粮食储备库点升级改造实施方案，三年内投入8亿多元巨资拆建改建储备仓库。

另外，粮食并不适合久放，存放过久会降低品质，甚至变成只能做饲料用途的陈化粮。而庞大的储备，每年因为存放过期而损失的粮食总量绝非小数。在管理不善的情况下，工作人员为了牟利让陈化粮流入市场的事故时有发生。

国企的管理弊病也增加了权力的寻租空间，贵州省毕节地区一个储备库主任私下和经营菜籽油的朋友达成协议，按照每吨9600元的价格购入，但卖给储备库的合同价格却高达1.3万元。而小麦、大米、小米也采取相同的做法，低价购入，高价卖给粮库，差价入袋。短短三年时间，贪污300多万元，并且这并不是孤例。2011年，中储粮周口直属库主任携上亿元公款潜逃。粮仓太大，硕鼠难消。

在谈及粮食储备的体制弊端时，总有人以这是关系到国计民生的大事来辩解：民以食为天，粮食是生存的基础，因此必须通过国家管控。这其实是计划经济思维，还带着备战备荒的时代印记。在全球化的今天，商品流通达到前所未有的程度，很少有不依赖其他国家地区产品而完全自给自足的了。当然，即便有，我们也不愿意效仿。退一万步来说，即便和某国发生战争，其他国家和地区的物资交流也不会中断，没有任何一个国家和地区能控制粮食资源。

而且，粮食并不如想象的那样缺之不可，肉食、水产品甚至蔬菜、水果等都是替代品。现在人们外出吃饭，酒宴之间，吃米饭和面食的少了，这就是一个例证，因此现在更多的粮食是用来再加工的。选择多了，人们在其他途径的蛋白质等营养成分摄入足够，就可以减少粮食的消耗，在这个含义上晋惠帝那句已经沦为历史笑柄的名言“何不食肉糜”其实是有道理的。

回顾过去，我们曾经有过更加严厉的管控政策。那时候，城市居民粮食定量供应，去粮店买粮食需要粮本，我还记得小时候随家人去粮站籴米时里面工作人员傲慢神气的表情。从 1993 年开始，粮食经营和价格放开，粮站已成陈迹，不会再有人说没有粮站就没粮食吃了，并且买粮食的支出占总收入的比例也越来越小了。

从真正的粮食安全角度来看，我们恰恰应摒弃这种规模巨大的国家粮仓。平时我们家里不会只保留一顿粮食，粮商也一样，他们会根据季节、根据物价来储存一定量的粮食。有人说他们会囤积居奇，刻意拉高粮价。但要知道，市场逐利者无数，竞争之下，没人能控制粮价，并且现代粮食期货制度也有助于拉平不同时间的物价波动。故此，由分散于市场无数个逐利的商家储存和供应粮食，则天下无处不粮仓，粮食供应也会更安全。

买柑者言

秋冬之季，正是柑橘上市时。市售柑橘品种繁杂，大多每斤两元左右。而广东省江门市的新会柑尤其惹人注目，一个周末，在江门市农产品价格最为相宜的水街市场，我以每斤 3 元的价格买了几斤新会柑。

3 元一斤，相比起来已是贵柑，但对新会柑而言，这是市场最低价，因此很可能是外地种植的新会柑品种。因为本地柑地头收购价为每斤 5 元左右，质量好的梅江一带的大红柑最近几年卖到 10 元一斤甚至更贵，而且早已经订购一空。

本来买柑橘，当然是用来吃的，不能吃或者味道不好，那是吃亏了。数百年前刘伯温写了一篇《卖柑者言》，“杭有卖果者，善藏柑，涉寒暑不溃。出之烨然，玉质而金色”。就是因为善于保管，“柑不改色”，人们争相高价购买。刘伯温买柑后却发现里面干若败絮，于是乎慨叹一番“空有其表”。

我买回的新会柑，皮色青黄，果肉偏酸，糖分不足，口感不如只售一两元的其他柑橘，不知情者或会作刘伯温式感叹。然而，这却是“表错情”了。因为我所购买的严格来说并非柑橘，而是柑皮，柑肉不好吃是我事先知道的信息。新会柑这两年价格涨幅大，主要原因是陈皮价格的高涨。

柑橘皮晒干放置至少三年才成陈皮，而其中新会陈皮被认为正宗和优质，是粤菜系重要配料之一，亦可入药。市场上卖新会柑的摊位，一般同时以三种形式出售：整柑、柑皮、柑肉。整柑3元一斤，柑皮18元一斤（当然，这是质量较次的柑价）。而柑肉则是两三斤装一个袋子，一元一袋，买者寥寥。事实上，地头的新会柑也大多数是农民雇人现场剥开，丢弃柑肉，只取柑皮，最近几年常有八成以上柑肉被丢弃的新闻报道。雇人手工剥皮日工价六七十元，如此算之，净柑皮会多了劳动成本。

一个柑橘，柑皮重量占了五六分之一，而晒干后只剩下1/4左右。3元一斤的柑橘，柑皮卖18元一斤，所值全在柑皮之上。按推算20~25斤柑可以制1斤陈皮，如今新会柑制成陈皮起价已经超过150元，质优的价格更高。不计时间和人力耗费，反推到柑橘之上，每斤至少要6元。但如今的陈皮，是几年前的柑晒成的，那时柑价不高，故不会亏本。现在花费10元甚至更高的价格购买新会柑制陈皮的人，是对几年之后陈皮的价格有信心了。

我读大学的时候，也就是20世纪90年代中后期，买柑时偶尔会有本地人说皮不要丢弃，可以晒干做陈皮。记得当时单买柑肉价格会比整买便宜三成左右。2003年，柑价1元，新鲜柑皮卖两元左右。2006年，柑价1.5元，皮卖6元。如今两者的比例已经达到6倍了。

新会柑如今口感的确不如从前了，究其原因，是1996年、1997年前后出现过大面积的柑橘虫害，地方农科所和农民为了增强抗虫害能力，将所有衍枝新会柑树种与柠檬树根进行嫁接，这导致柑橘的形状和口感都有变化。农民当然会知道后果，但面对虫害，新会柑种植面积从早期十多万亩大幅滑坡至1996年的六七百亩，弃肉取皮应该是高明的策略。这如同某处忽然发现有金矿，虽然上面风景差强人意，但成本是比较出来的，和金矿的价值相比起来，风景变得“不值钱”了。

新会柑以会城梅江、茶坑等地周围土质为佳，售价高达10元一斤，而其他地方的价格减至一半。也就是说，土质优良的原产地，每斤新会柑所附的土地价约值5元，按照一般亩产2000斤来算，一亩的土地租值是一万元了。而这些地方位于会城之郊，面临土地作为工业甚至商业用途的激烈竞争。城市半径慢慢扩大，很可能用以种植柑橘的优势会荡然无存。未来优质新会柑很可能不复存在，新会柑种植会转向土地更便宜的农业区域，质量也大概和我买的这种一样了。

蛛网模型与生猪养殖

有一段时间，农产品价格从原来的高位持续走低，从“菜贵伤民”转到了“菜贱伤农”。有的农民在微博上推销卖不出去的苹果、土豆，虽有媒体相助引发广泛关注，然而解决问题的毕竟仅属个别，地区性的农产品滞销仍时有发生。

农产品价格周期性的波动，常有人以蛛网理论来解释。以生猪养殖为例，某个时候猪肉供不应求，价格会上涨。生猪养殖者认为有利可图，就会增加养殖数量，于是更多的人进入此行业。但因为从猪崽到可上市，需要一段时间，这段时间投入资源不断，但因价格信号迟缓，最后生猪上市时因供应大增导致价格大跌。愿意去养殖的人就减少了，到了下一个周期，又导致供不应求。如此循环，形成因供应和需求曲线不同斜率而呈波动、收敛或发散的蜘蛛网状图形，这是“蛛网理论”名称的由来。

命名来自 20 世纪 30 年代新剑桥学派代表人物之一的尼古拉斯·卡尔多教授，曾经大行其道，许多人热衷用来解释周期性的价格波动。蛛网模型的一种推论认为既然市场存在这种缺陷，如果人们都简单地根据某个时候的价格来决定下一期的生产量，那么政府干预就是必须的，通过政策指导能够降低物价波动风险。

到了 20 世纪 70 年代，批评的声音逐渐增多，理性预期学派批评这种模型忽略了决策者的理性预期作用。蛛网模型所表现的实际上是一种静态预期，忽略了人的主观性和市场的变化，仅仅用静态的变量作为参数。理性预期学派认为，人们的决策并不会这么简单，他们会综合考虑各种因素而做出市场决策。而政府对市场的反应不可能如市场参与者那样及时、主动，也不会了解更多的信息，由此而来的干预必定无效。顺便说一下，诺贝尔经济学奖得主托马斯·萨金特教授便是理性预期学派的领袖人物之一。

就生猪养殖而言，虽然从猪崽到上市销售需要一段时间，但天下养殖户非常多，更加上各地的情况不同，他们并非步调一致来调节养殖。如此之多步调各异、千差万别的市场活动，岂能用几个参数来推测？

几年前猪肉的价格也波动过，先扬后抑，市场上的猪肉四五块钱一斤，在很多人都感叹养猪亏本的时候，我的一个亲戚却有意去养猪。他说现在价格这么低，没人愿意养猪了，应该是进入的好时机。这个亲戚并没有高学历，只有小学文化。他仅凭简单的常识推理，已经足可推翻蛛网模型的理论基础。世界上有很多“斤斤计较”的聪明人，他们各自不同的判断会拉平价格波动。

蛛网模型成立的最基本的条件是本期的生产数量取决于上期的价格。也就是说，周期性的生产，某个时期价格高了，进入的人多了，下一个周期的产出会增加。我觉得至少还需增加一条：养猪的人看到价格高就一窝蜂去养猪，价格低就退出。

并非价格不会波动，但这种波动大多是难以估计的，影响的因素成千上万。而近几年价格上扬，却主要是基于货币发行过多导致的通胀后果。货币政策的宽松和收紧，是“价格波动”的主因，却往往为人们所忽视，而大家矛头的指向，不是中间商的肆意炒作，便是种植养殖户的非理性行为导致周期性波动的蛛网模型。

政府直接干预生产的结果很可能不是缓解而是加剧了农产品价格的波动幅度。某些地区政府统一指导农民去种植或养殖，甚至规定具体品种，也要学工业那样，打造“土豆之都”“大蒜之乡”，殊不知工业发展一般是建立在便捷的交通基础上的，而种植业大多在工业不发达地区，运输和保鲜保质成本高。适逢市价高还好说，一旦由于丰产滞销，就会出现送给人也不要的奇怪现象。事实上，地区性的农产品滞销，正带有这样的政府指导特色。

肯德基的配方与叶孤城的伤痕

2008 年，媒体纷纷报道肯德基配料秘方“搬家”。为了能安全离开戒备森严的总部顺利运抵目的地，“搬家”当天，肯德基聘请了一批在职警察和私人保镖，由装甲汽车全副武装押运这张薄纸。这些被媒体广为传播的细节，无不透露这样一个信息：肯德基的配料秘方价值连城！据说那是创始人秘密调配的，并且正因为这张配方，肯德基才得以在全球拥有一万多家分店，仅美国的店年营业额就超过 50 亿美元。

不仅是肯德基，还有一些著名饮食品牌，也有类似神秘的配方。比如可口可乐，其配方更是越传越神秘，保密了一百多年。然而，这些饮食品牌的一纸配方，是否真对品牌的成功有那么大作用呢？肯德基全副武装保护一纸配方，是害怕被人夺走从而研制出一样的炸鸡抢夺了他们的市场吗？

古龙的小说《陆小凤》中有这样一个情节：不少人曾目睹叶孤城被唐门暗器所伤，后来陆小凤等人看到平时既不爱赏花也不近女色的叶孤城，让美女在前面以鲜花铺路出场，就皆以为他是为了掩饰自己身上伤口发出的脓血恶臭。但是后来，陆小凤识破了叶孤城其实是利用其替身出场，目的是转移江湖人士和皇宫护卫的注意力，他自己跑去扶助南王世子篡位。并且陆小凤觉察到真正受伤的是叶孤城的替身，真的叶孤城用美女鲜花高调出场，不是为了掩饰伤痕，而是为了掩饰自己根本没有受伤。否则，替身的事很容易败露。

虚拟的小说其实也能给现实以启迪。实际上，类似肯德基这样的国际连锁企业能屹立这么久，和其辛苦打拼的经验积累、独特的管理模式息息相关。而他们高调去渲染配方的神秘性，包括这么大动干戈全副武装去保护一张薄纸，表面看来是为了显示其配方的价值连城，从而增强人们对其产品的信心。实际上，很有可能，如同叶孤城美女鲜花出场不是为了掩饰受伤而是为了掩饰没有受伤一样，他们害怕配方泄露的根本原因，不是怕被人仿制，而是害怕配方泄露之后人们的一声叹息：原来秘方根本不算什么。

换一个角度来看，肯德基或真或假的一纸配方，其实包含着长期的管理经验和消费者口碑的积累，高调强调配方的神秘性和重要性，对品牌的保护与传承是有好处的。反观我们本土的很多老店，品牌难以发展壮大，除了和现实的制度环境有关之外，它们实在应该向肯德基、可口可乐这样能在世界各地落地生根的企业学习一下做品牌的技巧了。

“韩风”疑案初探

近几年,“韩风”甚为流行,特别是韩国一些影视节目的引入,更是加剧了这股韩风。我素来对韩日影视不感冒,但是,身边也不止一次响起过这样的疑问和惊叹:

“有毛病啊,送礼怎么会送牛肉?”

“主角谈起吃肉,怎么眉飞色舞的,活像白骨精说起唐僧般的神情?”

另一个可供印证的现象就是韩国人——特别是学生——来到中国,总会成群结队去吃肉。仿佛是被监禁十年八年刚逃出来的一般。

韩国人对吃肉如此渴求,的确会让不明就里的人十分费解。是的,怎么会有这么奇怪的事情呢?按照我们的传统观念,衣食住行是最基本的生活元素。吃属于马斯洛需求层次理论中最低级别的生理需求。而我们都知道,韩国是一个现代化的国家,其经济发展已经可以与西方不少发达国家相比。按照2005年的统计数据,他们的人均收入已经超过16000美元。这样的一个人均收入超过我们十倍的国家,吃肉竟然是一个问题。发生什么事了?

疑案初探

韩国人对肉食的这般向往，并不是市场上没有肉卖，国家实行配额制。而是其价格远远高出国际市场的平均水平，因此即便相对收入不错，韩国人大快朵颐一餐肉食，仍然属于奢侈的享受。

根据韩国贸易协会贸易研究所 2006 年 11 月的数据，在韩国销售的牛肉、土豆、苹果、胡萝卜等农产品价格世界最高，其中牛肉价格为每千克 48.09 美元，相当于美国市场价格的五倍，中国的近十倍。

按照韩国银行发表的《2005 年国民账户》报告中统计的当年人均 16291 美元的年收入，大概一个月 1300 多美元。也就是说，韩国人平均月收入，只能购买 28 千克左右的牛肉。

是的，是价格的极其高昂，减少了人们的购买数量。在我们眼里看来再普通不过的牛肉，在很多韩国人眼里，却是奢侈品。这是需求定律在起作用。

思维敏捷的人，可能很快会发出下一个疑问了：他们那里怎么这么缺乏牛肉？

带着这个问题，让我们回顾韩国的历史，从而看清楚问题所在，一步一步探知疑案的真相。

历史背景

韩国的工业化和现代化的进程，应该从 20 世纪 60 年代算起，之前经济是以农业为主。由于地理环境的局限，人均耕地只有 0.04

公顷，不及美国的1/15。种植的庄稼，只能维持基本温饱。是工业化给了韩国经济腾飞的机会。20世纪60年代之后，韩国大力发展工业，奉行出口导向型的经济模式，美日等国家也给予资金和技术上的大力支持，向韩国开放市场。经过一段高速发展的时期，到20世纪70年代中期韩国基本完成了工业化。后来，成功由劳动密集型转型到资本与技术密集型，并且造就了不少明星产业，例如电子、汽车、钢铁等行业，其国民总收入也从1962年的23亿美元增至2016年的1.41万亿美元，人均国民收入由87美元增加到2.76万美元。

工业化进程一个难以避免的问题就是城市和农村的差距不断拉大，这种情况也先后发生在世界其他地区。我国自20世纪80年代开始的经济改革历程，也庶几近之。城市化使大量农民进入城市，为工业化提供了必需的劳动力。相关的数据显示，韩国农业GDP（国内生产总值）占全国总GDP的比重，从第二次世界大战后的50%左右下降到2000年的4%，农业就业人数在1970年超过整个就业人数的一半，而到1997年已经减少到11%。

农业人口大量进入城市，就是因为工业的回报大于农业。农民离开家园，不远千里进入城市，是因为那里机会更多、收益更大。在城市化进程中，如果韩国政府能够因势利导，就势开放农业市场，使其他国家的廉价农产品进入，那么农业不至于产生如今这么多问题，农产品的价格也绝不会比其他地方贵这么多。但是，韩国政府却选择了另外一条道路。

应该先谈一下其中的政治背景。军人朴正熙20世纪60年代夺取国家政权，开始独裁统治，并且开始工业化道路。为了舒缓城乡发展矛盾，韩国政府开始实施“新村运动”，耗费大量资金投入农村，改善农民居住环境，建设各类公共基础设施。为了提高农民收入，政府给予水稻等农作物种植补贴。这些政府措施，是希望减少贫富差距，缓和城乡发展的矛盾，但是客观上对整个经济体系产生了极大的副作用。

随后，从 20 世纪 80 年代后期开始，韩国实行民主政治，政客为了拉拢农民选票，更加不遗余力地支持他们。措施就是政府不断提高农产品统购价格，比如大米每年都提高 4% ~ 5%。这使韩国的米价一路攀升，正如一位韩国学者说的那样，“从某种程度上说，韩国的大米是政治米，而不是经济米”。最终后果是韩国大米的市场价格是美国和中国的六倍，是泰国等东南亚国家的九倍。

韩国的教训

经济学上有一个比较优势的概念，解释为什么不同的国家、企业或人会专业生产。你干两样活都比我有优势，但是我们依旧可以交换，并且因此而互相得益。比如阿诺·施瓦辛格，肌肉发达，去担沙抬土会赢过很多人，但是他还是去拍电影。大学教授、律师去做打字、整理文稿的杂务工作，效率不一定会输给秘书，但是他们没自己去干，而是聘请了秘书。这就是比较优势定律，需要一个自由交换的市场。

因此，莫说韩国本来就不具有农业方面的优势，即便它的农民种田比其他国家好，但是，由于它在工业上有更大的优势，所以完全可以通过国际贸易，通过出口工业产品来转移更多的农业人口，取得更大的效益。

可是韩国选择的却是保护措施：对内不遗余力地补贴，对外则是用重关税限制国外廉价农产品进口。这些措施，如同建造了一个昂贵的温室，把韩国的农业和农民罩住，造成韩国农产品价格的居高不下。这种畸形的价格相当明了，最终归咎为政府的农业政策上，背后是政治压力的问题。

我们知道，正因为有市场，进一步的分工合作才会成为可能。而近百年来科技的发展，更是深化了分工，人们得以靠自己在一个更狭窄的领域劳作，有更深的技术经验积累，大大提高了效率。因此通过自由贸易，能够换取越来越多的生活用品和服务，大大提高了生活质量。而交通运输技术的提高,使自由贸易走向全球化，使全世界都融入一个大市场成为可能。正是这种自由贸易，使世界大部分地区的电子产品价格趋于一致，针对那些不断争取所谓权益的韩国农民，我不禁想，在他们花费几百美元可以买到洗衣机、液晶电视、数码相机的时候，正是得益于全球化和自由贸易，可他们为什么让其他人去购买几十美元一千克的牛肉和比其他国家昂贵很多的农产品呢？所谓己所不欲勿施于人，这句话送给韩国的农民，再恰当不过了。

韩国的例子，应该能对我们有所警示，不同的政策会对国计民生有不同的影响。即便如韩国这样已经相当发达的国家，对农业的外封锁内保护的政策，照样能让人吃不起肉。

从高价特效药看市场的自由

朋友的一位家人不幸患上肺癌，经过一段时间的手术和化疗，情况有所好转。然而不久前，病情出现反复，为了稳定病情，要服用一种产自英国的昂贵药物，每天一粒要数百元，这绝非一般收入的家庭所能负担。

全球每时每刻都不断地有人因为缺医少药而死去。人非草木，孰能无情，患者的痛苦与期待揪人心肝。不少人会感叹生命的脆弱和卑微，也难免会质疑：有了特效药，只要价格降到大多数人用得起的程度，就能延长无数人的生命，资本家对生命的凋零熟视无睹，何故如此绝情呢？

市场上一套组合音响，一台大屏幕高清液晶电视，还有不少人买不起，人们容易理解这是市场规律在起作用，因为生产能力有限，只能按出价高低来分配。然而，当音响和电视换成了能救人性命的药物时，人们的态度则有所变化，特效药已经发明出来了，边际成本是很低的。为何不大规模生产去救人性命？

一些人感叹市场的冷血无情之余，自然而然地想到了政府。例如，中国每年有高达60万患者死于肺癌，若有特效药就能让他们多活几年。按照现在特效药动辄数百元一粒来计算，服用半年，需要十万元，国家财政可以包了这笔几百亿元的费用。更甚者，各国可以组织起来，凑一笔钱给药厂，买断这种药的专利权，免费供应全球。当然，除了肺癌，还会有其他癌症患者，国家干脆包揽所有的医疗服务，大家免费看病，幸福生活，这是许多人期盼的。当然，那样大家的收入八成以上都要交给税收了。

如果你不愿意拿出你的大部分收入去救助病患，你就应该明白这是不现实的。确实有许多让我们无可奈何的事，包括眼睁睁看着生命离逝。但如果国家包办全民的生老病死，结果很可能是民不聊生。

还有一种办法，如果我们认为药厂的专利是让生命消失的元凶，那么干脆取消它们的专利权，甚至立法要求它们交出配方，大家都可以仿制，如同盗版音像产品一样，药品的价格很快会从几百元一粒变成几元钱甚至更低，让最贫穷的人也能负担得起，可以立刻挽救数以千万计的生命。

如果人类永远止步于目前的疾病种类，不再有新病菌出现，这样做的成本应该是最低的。然而，人类从出现至今，无时无刻不面临着新的病毒威胁，一劳永逸地解决了今天和昨天的问题，明天的问题就会更大、更多，并且那时再也无人理会。

一种新药的研制费用是很高的，在欧美国家往往高达数亿美元之巨，并且需要相当长的一段时间验证。当然药厂会赚得盆满钵满，然而，药物也和其他商品一样，会被市场抛弃，因此亏损的药厂比比皆是。一种新药该如何定价，我们无从得知，但如果我们干预了厂家的定价权，那么药品市场只会变得更糟糕。

当然，市场也并非一成不变。由于地区经济发展不平衡，面对极为高昂的药物价格，某些贫困地区，极少有人能支付得起，并且患病者众，如果能在这些地区大幅度降低价格，使更多的人能买得起，商家的收入也会增加，则无疑是一种帕累托改善。上面所说的那种治疗肺癌的药物，有原产于英国的，也有印度版的，印度版的价格便宜很多，相差八倍左右。而两者效用基本没有什么区别，配方来自同一家公司。但英国版的在世界各国注册了专利销售，而印度版的只能在印度销售，在其他国家和地区销售即属非法。

裴多菲的诗歌我们不妨借用一下：生命诚可贵，自由价更高。这里的自由，应该视作市场的自由。我们固然可以感叹生命脆弱无常，但同时也要明白，如果为了挽救生命，动辄希望以行政之力干预市场，那只能让明天的生命更加脆弱和无常。

纵向协议与横向竞争

距离2013年2月发改委给茅台和五粮液两大酒企开出超过两亿元的巨额罚单不到半年，又传出发改委对多个进口奶粉品牌企业进行反垄断调查的消息。而这次调查的重点不在于常见的同类企业之间联合定价即所谓的价格卡特尔行为，而是企业和经销商的价格限制协议。

企业约束经销商的价格，有一个专用名词叫纵向垄断协议，指不同生产环节的企业间达成的协议。纵向垄断协议涉及的行为包括价格限制、排他性销售、捆绑销售等。发改委的相关人士表示，经过调查，涉案乳粉企业有的对不遵守其规定价格销售乳粉的经销商直接进行罚款，有的则给予扣除返利、停止供货等处罚。

因此发改委对涉案企业进行了处罚，处罚的依据是《中华人民共和国反垄断法》第十四条。当中列举了几个方面，包括固定向第三人转售商品的价格、限定向第三人转售商品的最低价格、国务院反垄断执法机构认定的其他垄断协议。认为这些行为约束了竞争，抬高了商品的价格，因此最终损害了消费者的利益，破坏了市场秩序。

相对于横向协议来说，甚至是反垄断法的制定者也对纵向垄断协议多少带着几分不自信。该法规颁布后增加了多项例外条款：属于为了改进技术研究开发新产品，或者为了提高质量、降低成本、增进效率、统一产品规格和标准或者实行专业化分工，或者为了提高中小经营者经营效率等情况，不构成垄断行为。事实上，即便在这方面不乏案例的美国，近些年对纵向垄断协议的态度也转变了不少。

可以看这样一个案例。Leegin 公司从事皮革饰品设计生产以及销售业务，PSKS 公司是其最大的经销商。1997 年，Leegin 公司推行品牌零售定价及促销活动，要求经销商不得以低于规定的价格销售，否则有权停止供货。而 PSKS 公司却八折销售其产品，最后导致 Leegin 公司停止供货，并因此被 PSKS 公司告上法庭，提起反垄断诉讼。法院裁定 PSKS 公司胜诉，后来上诉，法庭以联邦最高法院在以往判例中一直采用本身违法原则为由驳回 Leegin 公司的请求，维持原判。

此官司打了多年，2007 年，最高法院最终撤销上诉法院的判决并发回重审。法官认为，转售限价某些情况下可能损害竞争，但同样也可能促进竞争。因此不应该适用本身违法原则，而应该采用合理原则进行个案分析。这个判决，是推翻了已沿用近百年的使用本身违法原则审查生产商控制价格的先例。

企业对经销商的价格约束行为，包括固定售价和限制最低售价，其实本来属于司空见惯的市场合约的一种模式。试想一下，如果企业不是通过经销商代理而是直接自己经营，或者直接雇用经销商来经营商品，价格定多少是吹皱一池春水关卿何事了，为何通过经销商代理就构成垄断嫌疑呢?

关键一点是纵向协议受到横向竞争的约束。奶粉企业何止百家，竞争无处不在。奶粉企业的定价策略当然是从最大化品牌租值的角度着想。在竞争约束之下，它不可能随意抬高价格，否则随时会被市场淘汰。除非你同时还相信奶粉企业互相勾结组成价格卡特尔的故事。

过去外国奶粉的涨价是因为多宗安全事故后，国内消费者对国产品牌失去信心，转求其他，这也导致浩浩荡荡的港澳甚至国外购买奶粉的浪潮。再加上国家提高了奶粉进口门槛，口岸检验严格，进口婴幼儿配方奶粉实施批批检验。本来需求量大增，再加上管制的加剧，价格上涨就理所当然了。

发改委的调查结果如何先不说，但更令人担心的是媒体和公众对反垄断法的迷信。如果奶粉企业因为价格问题被处以高额罚款，那么降低质量标准、采用简单包装甚至选用一些价格较低的奶源等措施就会成为较优选择了。一旦进口奶粉也发生类似三聚氰胺这类质量事故，造成群体恐慌，国内的爸爸妈妈们要去火星买奶粉吗?

第二卷　住：不可承受之重

无底薪和零地价

有一次，和一位同事谈天说地，偶尔谈及他即将毕业的女儿，正面临选择工作的苦恼。他的女儿想进入一家外资保险公司，要从无底薪的业务员做起，这在同事看来，无疑是非常不理智的，他希望女儿去找一份安安稳稳的文员工作。于是矛盾在所难免，同事的脸上写着女儿不理解他良苦用心的失望。

保险业务员与一般文员，两份工作有不少区别，其中一点是薪酬模式不同。办公室文员收入相对稳定，而保险从业人员收入变动幅度会较大，底薪会很低，甚至是零。而薪酬模式包括固定工资、奖金、分红、计件，或者是其中的组合。比如企业招聘文员、清洁工人、流水线工人，主要采用的是固定工资制；招聘非流水线工人、外销业务员等，则主要采用的是计件或分红模式；其他很多服务行业，如酒店、餐饮、保险等，多采用底薪加提成模式。这些我们习以为常了，虽然多数人是知其然，不知其所以然，但至少不会有什么詈辞。与此相比，较早前被媒体炒得沸沸扬扬的“零地价”事件，就没有这么幸运了。

2007 年，某著名地产商竞得湖南省张家界市一块面积 1000 亩左右的土地，转让金额一亿多元。然而根据知情人士提供的资料显示，在土地挂牌出让前，湖南省张家界市永定区政府已经与张家界高骏投资公司签订了“秘密”协议。协议上列明该期用地成功出让后，大部分款项将返还，作为偿还开发商对该地块的投资款和收益及对该地块公共建设配套和基础设施建设的投入。

媒体连篇累牍的报道，聚焦在地方政府是否存在贱卖土地，并且在房价高涨、新晋中国首富这些背景之下，更具有新闻效应。作为地方政府来说，通过引入地产大鳄，改善投资环境，带动经济发展之意也很明显。根据媒体的报道，我们也知道批出去的那块地，是张家界风景区保护规划之外的一个缓冲区，“在当地人眼里，它没什么好，只是丘陵地区偏僻的荒山”，这句话传递出来的信息是，这块土地原本价值并不大，如果没有影响风景区的景观，并且经过了环境评估，那么用以建造酒店、发展地产问题不大。

如果当地政府与房地产商的合同换了一个模式，先由地方政府自己花钱把土地平整好，搞好“三通一平”，再卖给地产商，很可能媒体和公众会更容易接受。比较这两种模式，一种是政府花掉一两亿元去搞好公共建设配套和基建工程，再以一亿元的价格卖给地产商。另外一种是一亿元卖地，再花费一亿元，请地产商自己搞好公共建设，哪一种模式更合算呢？

我们实在应该问一句，为什么市场会选择目前这种由地产商搞公共建设设施的模式？某些情况下，由政府去搞基础建设，再吸引商家、企业进入，而非各顾各的，这样更能体现规模优势。但是，我们不能忘记土地所在的地理环境，以及该地产商的发展模式。本人也曾见识过该地产商的一个本地项目，“三通一平”

工程是他们自己搞的，两年时间，就把两三个杂草丛生的山头建设为一个本地最大的楼盘项目。而张家界市的这块土地，正是离市区十多公里的一个山头，之前没有其他商家进入，当然也没搞过公共建设工程，一切是从零开始。因此，路灯安置在哪里，供水、排水、供电等管道、线路应该如何铺设，才能更配合建筑工程的实施，等等，这些内容如果都是由政府来搞，不一定适合地产商自己的要求，成本明显会增加很多。

初入行的保险从业人员，会面临没有底薪只有提成，或者是较低的底薪加部分提成的薪酬选择。很显然，这是因为雇主对他的信息掌握得不够，因此以提成来激励员工，并且针对这些员工也需要一个时期的培训。比如我同事的女儿想进的那家公司，就有三个月的免费培训。这不正和地方政府通过返还部分地价，请地产商自己搞好公共设施建设的模式类似吗？我们同样可以视为员工把本有的底薪支付给了保险公司，购买培训教育。而保险公司是比其他人更清楚员工需要哪些业务教育的，我们完全可以推测出由保险公司培训的费用肯定少于员工自己到市场上购买培训教育所支付的费用。

我的同事最后还是尊重了女儿的选择，她得偿所愿进入了保险公司。未来如何，我们无法预测，但是，重要的一点，正因为我们无从知晓她的兴趣、抱负与梦想，所以实在不应该越俎代庖替她选择。而零地价事件却没有这么幸运，媒体在大肆评头品足零地价的危害时，实在应该扪心自问一下：你们是否比那块土地上面的人更为关心他们的选择与未来？

从经济学角度看《中华人民共和国物权法》

历经七审的《中华人民共和国物权法（草案）》获得通过，无疑会因其象征性意义载入史册。

《中华人民共和国物权法》界定市场物品的归属，规范物权人的权利和义务，通过立法形式确立物权概念，为经济发展和市场秩序提供保障。不少学者从政治、法律、文化角度分析了《中华人民共和国物权法》的意义所在和深远影响。而从经济学角度看《中华人民共和国物权法》，又能给予我们什么启示呢？

物权的实质是权利的界定

所谓物权，说的正是私有产权，因此《中华人民共和国物权法》就是一部关于权利界定的法律。

不要想当然地认为权利的界定是一件很简单、很容易的事。你在某小区买了一幢别墅，显而易见，你有权入住，也有权转让给别人，有权布置里面的家具摆设，有权选择自己的室内装修风格。但你同时会受到一系列的约束：你不能改建、加高别墅，不能在花园里搭竹竿晾晒衣服，你甚至不能把外墙涂成奇怪的、和周围不协调的颜色，你不能半夜在室内高声喧哗。这一切的原因是你周围有不少和你类似的人，权利的界定就是把你的权利和其他人的权利划分清楚。你在家中高声喧哗，会影响邻居的安静权。大家的权利难免有所冲突，权利的界定就不是那么简单的事了。

而近些年颇受公众关注的一些事情，比如业主和开发商、物业管理的冲突，可谓愈演愈烈，触目惊心。矛盾出现并扩大的原因，在很大的程度上是因为合同条款不明确，而原有的法律对守约者的保护和对违约者的惩罚欠缺力度，导致违约成本太低。同时，我认为，立法对权利进行界定，应该谨慎为上，特别是涉及价格管制的，更应慎之又慎。因为处理得不好很可能适得其反，干扰了市场而非保护了市场。以下就土地调控和小区物业管理的例子予以分析。

土地调控里的价格管制

为了控制建设用地增长速度过快，修正各地工业用地低成本扩张现象，2006 年国家颁布了《国务院关于加强土地调控有关问题的通知》，这是继 2004 年《国务院关于深化改革严格土地管理的决定》出台后政府对土地政策的又一次重大调整。内容包括工业用地必须采用招标、拍卖、挂牌方式出让，其出让价格不得低于公布的最低价标准。低于最低价标准出让土地，或以各种形式给予补贴或返还的，属于非法低价出让国有土地使用权的行为，要依法追究有关人员的法律责任。

显然，从经济学角度来看，这次土地调控本质上是一种价格管制行为，也就是对土地产权属性的限制。常见的价格管制是管高，也就是限制商品价格不能高于某个数字，例如历史上美国对汽油价格的管制、中国香港对房屋租赁的管制。而土地调控政策里的价格管制和最低工资类似，是管低。然而，一个地区，因为地理位置的不同（甚至仅仅是一路之隔），地价差异可能会很大。对土地价格的管制，对那些地理位置不好的土地，实际上是削减了其发展的机会。其原理和最低工资是一样的：最低工资政策的意图是希望能保护底层工人，然而实行最低工资政策，企业就会减少对原来收入低于最低工资的工人的需求，他们将比以前更难寻找一份可以养家糊口的工作。道理很简单，既然法令一定要至少1000元月薪雇人，原来经验较好、效率较高的工资是1000元，没经验的新手工资是600元甚至更低，实施这样的制度之后，反正至少要给1000元，雇主为什么还要雇用那些没有技术经验的工人呢？那些人本来是可以赚600元的，但是现在他们失业了。

土地的道理也一样，那些因为地理位置的劣势，市价在最低限价以下的土地，本来可以通过价格的优势吸引投资，但因为最低地价限制，而把投资拒之门外了。同时，由于这些本来可以进入市场的土地被限制了，导致土地供应量减少，所以会抬高地价。以长三角地区为例，数据显示，2006年土地宏观调控政策出台之后，该地区地价大幅上涨，一些工业项目承受不了而迁出该地区。地价上涨，企业的生产成本增加，消费者将不得不为产品支付更高的费用。

物管权利之争

近年来，业主和开发商、物业管理的冲突此起彼伏，包括物业管理公司的选择和收费矛盾，对小区商铺、停车场、公共空间收益权归属问题的争论。

为了增加谈判能力，也为了缓和与物业之间日益激化的矛盾，许多小区纷纷成立业主委员会。但是，问题并没能完满解决，业主委员会权责未能落到实处，开发商往往处于优势地位。一些地方还出现了物业公司和业主委员串通的现象。在没有相关的法律之前，地方政府为了缓解双方矛盾，试图出台一些地方性法规来规范市场行为。例如上海市人民政府 2005 年就曾经公布《上海市住宅物业分等收费管理暂行办法》，对住宅物业服务收费实行“菜单式”管理，将物业服务划分为“综合管理服务”“公共区域清洁卫生服务”“公共区域秩序维护服务”“公共区域绿化养护服务”“共用部位、共用设施设备的日常运行、保养及维修服务”五项。每个服务项目再按服务内容、服务要求和设施配备等情况分为五个等级，每一个等级都有相对应的收费标准最高限价。

上海市政府通过的这个专门针对物业管理的暂行办法，也是一种价格管制，和土地调控的管制恰恰相反，它是管高。但是由政府对物业管理进行定级，把本来属于市场的定价权，部分让渡给政府，约束了市场双方的灵活性，并且很可能会引发其他一些问题（例如行政权力寻租），不可不鉴。而几度修订的物权法也一直让业主翘首以盼，希望能为他们的权益提供法律保障。最后终于表决通过的《物权法草案》也因此专门设置了一整章共14条细则，对业主建筑物的所有权做了区分。

许多业主可能都会有这样的想法，希望通过法律硬性规定小区内的停车场、铺位等收益属于业主。然而，这样的想法未免失之偏颇。两个其他条件完全一致的小区，区别在于一个小区事先规定车位要收费，另一个送车位；一个小区商铺租金归开发商，另外一个归业主。我们有理由相信，这两个小区的楼房价格会不同。因为消费者在买房的时候，如果能够事先知道铺位、车位的归属，那么他心中的出价是不同的。

在市场中，我们也可以见到绝大多数的合同会写明铺位、车位收益归属开发商。不要下意识地就认为这是开发商对业主的剥削，这很可能是市场双方的合约选择结果。因为多数人会认为，由开发商去销售铺位、车位，会比全体业主去做成本更低，且效益更高。如果规定停车位产权属于业主，就需要投票来决定谁应该占有哪一块地，占多少。业主人数众多，投票成本会很高。但如果规定产权完全属于开发商，开发商如果取消停车场，在上面盖楼房，恐怕很多人也接受不了这种结果。这种情况的处理需要智慧。《中华人民共和国物权法》对此的处理是，车位应该首先满足业主需要，由双方通过出售、赠送或者出租的方式约定。这种处理就不乏智慧，尊重市场，而又限制开发商的部分权利（不允许改为其他用途），这样对双方都有好处，大家都减少了不可预知的东西。

市场的选择

既然《中华人民共和国物权法》是关于权利界定的法律，而说到权利的界定，不能不提科斯定律。科斯定律的一种表述是说权利界定是市场交易的前提。忽视交易费用，市场效率和资源初始配置无关。因为通过交易，会得到最优化的配置。例如上文的例子中业主和开发商，如果一些信息对人人来说都是完备的，投票不需要成本，那么车位、商铺等资源到了业主手中或者开发商手中完全都能得到最有效的运用。

然而，如同物理学上的真实世界不可能没有万有引力一样，经济学的现实世界也不可能没有交易费用。每个人的信息都是不同的，每个人都有所专长，投票也需要成本，有时候成本甚至高得惊人，正因为存在这些费用，所以市场会有通过不同的合约选择，来减少因为这些交易费用导致的租值耗散，从而达到产出最大化的目标。这也正是市场上各式各样的合约存在的原因。例如企业雇用职员，如果职员的劳动能力容易鉴定，雇主就会给他们相对固定的薪酬，例如办公室文员、清洁工人、流水线工人。对那些不那么容易鉴定的职业，雇主偏向于给他们提成和奖金的激励，例如计件工人、保险从业人员、外销业务员、程序员。如果实行最低工资政策，那么对原来按“做多少算多少”提成计算的计件薪酬合约模式无疑是一种破坏，最终对雇主和工人都没好处，社会效率就会降低。

从另一个角度来看，物品的权利属性也不可能得到完全的界定。因为物品可以看作多种属性组合，同归一人并不一定最有效率。巴泽尔教授以电冰箱为例，消费者购买电冰箱，所有权并没有完全转移过来，例如电冰箱厂仍然保留保修的责任，因此厂家仍然是电冰箱某些属性的所有者，这是因为有关这些属性，厂家得到的信息显然比消费者更为完备，这些属性归厂家比归消费者更有效率。

《物权法草案》的顺利通过，凸显了国民对权利界定的重视。从经济学的角度分析权利的界定，可以给我们一些启示。法律的重点应该是保护市场秩序，惩处不守约者，而不是越俎代庖去制定市场规则。因为不好的规则，可能会借行政之力，破坏市场本来通过不同的合约选择而减少租值耗散提高效率的机会，那是对市场的干涉而非保护。

土地拍卖会抬高房价吗？

最近几年，一些大城市的土地拍卖频频出现新地王，很多人把矛头指向土地拍卖制度。理由很简单，既然买地的成本高了，开发商肯定会加价销售，最终成本会转嫁到购房者身上。因此，价高者得的拍卖制度推高了地价，进而推高了房价。

这些言辞不时出现于报端，当然也不时出现在同事或朋友的嘴边。我曾经试过对一位同事反驳过这种论调，但适得其反，同事认为我是故意找碴，面红耳赤地争辩。从此，我大多是不置一词或一笑了之。

但如果这样的言辞是从一位经济学者的口中说出，则更让人纳闷。以道德文章著称的茅于轼先生，曾撰文认为拍卖制度抬高了房价，"土地转让仅仅用拍卖方式，就会把低价竞争者排除在外，这是非常不公平的"。

如果说，由于拍卖制度造成高地价，从而推动了高房价，那么我们考虑这样一个问题，政府把一块黄金地段的土地白送给房地产开发商，本来可以卖 2 万元每平方米的房子，开发商会不会只卖 5000 元？如果对这个问题还有疑问，你不妨假设一下，自己捡到一颗钻石，会不会认为是意外之财，成本为零，故此 2 元转卖给他人?

并非因为土地拍出了高价，导致建成后的房子价格高企，而是因为建成之后的房子可以卖高价，所以土地也很值钱。能卖3万元一平方米的房子，即便土地是送的，地产商也还是会卖3万元，而非3000元。用经济学的逻辑说来就是，价格是由需求决定的，而非由成本决定的。

另一个问题是茅于轼先生支招，认为应该多搞土地招标，而非拍卖。因为拍卖制度是一个土地所有者面对多个开发商，价高者得，而招标制度则是一个开发商对应多个土地所有者。开发商开出土地的条件，然后招标，土地所有者为了卖出土地，会竞相降低价格，这样，最终房价也能降下来。

如前所述，房价和地价并没有根本联系。至于为何土地不采用或者极少采用招标制，其实是一个很简单的问题。土地的价格和地理位置、周围景观等关系很大，这也是几个大城市中心区房价动辄高达数万元，而在郊区几千元的原因。可能仅仅一条马路之隔，房子价格就相差十倍，因为一边可以看到海景，另一边却不能。

一些质量差异不大的物品或服务，市场会有招标。比如，一家大企业要采购一批电脑设备，可能会以招标形式进行。这是因为他们能够制定明细的标准，可以具体到指定品牌型号。土地则不同。位置、景观、交通、周围环境等各有不同，如果土地不能拍卖，而要地产商自己去招标，他如果对土地的要求罗列得非常细致，细致到只有一处地方符合要求，那么竞标者只有一个，毫无意义。如果要求宽泛，则夺标的可能是位置景观等评价最差的那一方，这并非开发商所愿。

如果一定要改拍卖为招标，并且土地环境景观等因素要明确，只能是这样一种模式：政府立法规定，土地的所有者不能拍卖土地，而是要自己搞房地产项目卖房子，招标建造商，价低者得。这种模式的荒谬，应该不须多言。

也就是说，拍卖或者招标制度，其实是面临不同的约束条件时市场选择的不同制度模式而已。非要干涉市场主体选择某种模式，只能增加信息费用，无益于市场双方。认为通过投标而非拍卖制，从一个供应方对应多个需求者改为一个需求者对应多个供应方，能够降低地价，其实是掩耳盗铃式的幻想。

不必总是强调房子的特殊性和重要性，房子和其他商品其实并无二致。要抑制房价的不断上涨，只能着眼于供应。包括提供更多的土地，加快城市化进程。

公寓改群租房为何愈演愈烈

北京市住建委连同几个部门发布了一个通知，规定出租房屋的人均居住面积不得低于5平方米，每个房间居住人数不得超过两人。据分析，5平方米这个数字是根据《住宅设计规范》提及的双人卧室不宜少于10平方米得来的。而这个通知的背景，是屡见不鲜的公寓改群租房现象。

群租房是指一般公寓被房东或者中介通过增加间隔隔成一个一个小房间，或者直接摆放多张床分别出租。其实类似的法规早已有之，2010年底住建部出台的《商品房屋租赁管理办法》，就有“出租住房的，应当以原设计的房间为最小出租单位，人均租住建筑面积不得低于当地人民政府规定的最低标准”的规定。之前有媒体报道，北京市朝阳区某小区中介将200多套公寓改成群租房，其中一套80平方米两居室住房住了25人。

群租房模式哪里都有，例如8人、4人一间的大学生宿舍其实也是群租房的一种。而最典型的，莫过于香港的劏房（又名房中房，是香港出租房的一种——编者注）。劏房一般是由年代较久的唐楼改建而成，增加间隔，分成多套10平方米左右的独立房间分租。更有甚者，把劏房再细分成上中下三层，就变成了只能容纳一个人大小的所谓“棺材房”。而近年来随着楼市回暖，劏房更大有向新建房屋蔓延之势。

据估计，香港共有17万人住在劏房，而一个10平方米左右的劏房单位租金就要三四千港元。显而易见，那些把公寓间隔成劏房的预期总租金回报是要高过整套出租租金的。另外，并不是所有的楼房都适合改成劏房，租户不足会得不偿失。间隔也不是越小越好，如果把房子间隔成一平方米的空间恐怕是没法住人的。

群租房基本上都是在市区商业繁华之处。对租客来说，他宁愿居住在狭窄的空间，因为这样就省下了往返市区的交通费用和时间。而这些租客大多是从事服务行业，例如超市收银员、保安、小公司文员、餐厅服务员、快递员等。如果不允许他们选择更小的空间居住，他们就要住在郊区，花费两三个小时上下班。因此，对整个市场环境来说，群租房其实拉低了当地服务行业的价格。

但同时我们更应该看到一套房子分租造成的直接权益影响。首当其冲当然是业主本身，有太多的人居住，业主提供的电器设备、家具，以及房屋墙壁、地板、管线等折旧更快，需要额外增加维护费用。然而，由于决定租户数量的就是业主自己，所以他显然衡量过租户增加带来的损耗、管理费用以及增加的租金对比。也就是说，对他而言这是一个内部性问题。

其次是同一栋楼的其他业主和住户，租客太多，也大幅度增加了受干扰的机会。不同租客出入时间不同，有早起上班的，有夜半醉归的，房门开关声、喧哗声等都会大幅度增加，而且楼道、电梯等公共设备会被额外占用，加上房间改造，线路复杂，电力负担也重，火灾等风险也会增加。

也就是说，业主最大化了自己的收益，但是存在所谓的“外部性问题”：邻居并没有享受租金收益，但是却承担了额外的费用。也正因为如此，最反对群租房的便是这些人。政府发布这个通知的原因，应该有屡接住户投诉的压力，但这种划一限制的做法却是欠妥的。

首先，公寓分租人数其实受到市场合约的限制。业主在购进公寓时和开发商会有关于物业管理方面的协议，比如关于房子内部结构的规定，关于出租、转租时对租户的要求条款，或者虽然并没有严格规定入住人数以及装修改造限制，但要知道，契约之外的社会风俗的约束也是广义合约的一种。一个小区多是整套居住的普通住户，有人要间隔多套单间出租，住户有权投诉，也会附以白眼，这些都是成本。

其次，人口高密度的群租房的形成其实有特定的环境条件。这些地方一般属于商业圈，建筑密集，市场便利，故此一般不会是新兴的大型小区，例如香港劏房就源自唐楼。因为商业兴旺，所以房屋租金也会被推高，业主本人的居住成本也高，一般情况下这些房子都会用于出租而不是自己居住。

划一的面积和人数管制，是一种行政懒惰行为，忽略了市场的真正需求和现实约束。这样帮不了那些居住在群租房的人改善居住条件，反而会迫使他们远离市区找房子，在路上耗费大量时间和精力。进一步的后果是每个市民都会不得不承担商品和服务价格的提高。

城镇化的户籍困境

国家关于城镇化的政策动向引人关注，这几年也推行了一系列涉及户籍改革的政策。

城镇化是大势所趋，是改革推进的结果，而不是目标。中国长期处于农业文明时代，积累了一套关于农业深耕细作的丰富经验，这个过程中农业人口是绝对领先的。改革初期城镇人口占总人口比例不到 18%，而最近 30 年走工业化之路的改革，使城镇人口比例迅速增加，2011 年第一次超过农业人口。农业不那么重要了，是因为工业的辅助，根本不需要那么多的人口从事农业了。

城镇化的好处是聚居带来的单位商品以及服务成本的下降。举一个简单的例子，快递业正是兴起于大城市。一座大楼每次很可能送一百多件货，这就使单件递送成本大大降低，没人愿意到几十千米才有几个住户的偏远地区送快递。虽然很多人说梦想住在一所能看春暖花开日出日落的海边房子，但是即便把这样一所房子送给他们，如果没有现代物质配备，没有网络，没有快递送货，甚至没有水电，他们也不愿意常住那里。

而城镇化的推进必然会面对户籍制度困境。长期以来，我国城乡户口差别泾渭分明。20 世纪 80 年代，粮油市场还没放开，粮店职工是神气的职业。城市居民要靠户口本和粮本到指定的粮店才能买到便宜的粮油，而其他人则只能买议价粮了。20 世纪 90 年代，在不少城镇“买户口”还是一门流行生意。不同城市价格不同，农村户口者可以支付每人数千到数万元不等的费用转为城市蓝印户口。但我所知道的买了户口的人后来基本都后悔了，因为随着工业发展和改革推进，一般的城镇户口福利越来越少了，而农村户口因为土地的价值却更值钱。

大中城市户口仍有吸引力，主要是政策的倾斜，公共资源投入较多。城镇化以及城乡统筹的含义，是淡化户口的“特权”，也就是“要剥离附加在户籍上的不公平福利”的意思。非城市户口者，有诸多人为设置的管制，例如各种证件要回户籍所在地办理。这些管制应该能废则废，在 2012 年初国务院发布的一个通知，就提出要放开地级市户籍，清理造成暂住人口学习、工作、生活不便的有关政策措施，并且以后出台有关就业、义务教育、技能培训等政策措施，不要与户口挂钩。

同时也需要看到，某些我们想当然地认为是户籍特权的东西，其实已经是间接市场化了的，最明显的是教育资源。一个众所周知的例子，此前北京市五道口一套 37 平方米的房子售价高达 350 万元，人们把它作为北京 10 万元房价时代来临的象征。而同一个楼盘另一套 116 平方米房子售价是 700 万元。假设房子大小不影响单价，我们很容易计算出来两者面积之外的差值为 186 万元。

这多出来的 100 多万元，相当大一部分是附近教育资源的租值。这也就是所谓学区房的意思，按照目前的政策，中小学属于义务教育阶段，居民的孩子按照就近原则免费入读公立学校。优质公立学校附近的楼房，因此增加了一笔租值。学位有价，但不允许市场交易，会通过其他途径反映价格。但应该明白，并非所有的学区房住户都因此获益，获益的仅是开始的房主而已。后来的接盘者支付的房价包含了教育资源的租金。

如果取消居民就近入读的权利，那么最后接手的住户将是受害者。城镇化的一大困境也正在这里。根本原因是政府管得太多了，包办教育，资源价格不能直接市场交易，只能间接支付。贸然改变，会面对强力抵触。一个可取的改革路径是鼓励更多的民间资本进入教育领域，逐步减少政府投入，以此作为缓冲。

出租屋水电费为何较贵?

目前，已经有不少城市开始实施阶梯电价，城中村的租户首当其冲发现电费被加价了。城中村建筑一般是一栋几层的私人楼房，分隔成若干个小套间出租，而水电收费是按照一栋楼一个表结算的。房主再自行在各套房屋安装独立的电表水表，总用量较大，的确会受到阶梯电价较大的冲击。当然，阶梯电价提高了总费用，但并不是造成分租户价格比市价高的原因。因为在没有实施阶梯电价前，也普遍如此。

时有媒体为此打抱不平，认为租户的水电费比政府规定的贵，这是房主对租户的剥削。换成经济学角度，这种观点认为房主是捆绑销售，已经租出去的房子，是一种垄断，房主故意捆绑涨价了的电和水，目的是要多赚钱。因为在这个房子里，你只能使用房主提供的水电。

真的如此吗？我找到一个“包租婆”同学打探情况，她说水费收每立方米 5 元，电费每度 1 元，价格比市价稍高。问她为何不直接按照原价收取，她说有楼梯灯等额外开支，并且租户基本都滴水，也是一种额外开支。所谓滴水，就是水龙头只开一点，水一滴一滴下来，租户水表不转，但总水表会转，累计下来每户一个月大概额外用了一两立方米的自来水。

而我认为这并非加价的本质原因，甚至房主自己也不一定意识得到。我进一步问我这位同学，她说每户用水有两立方米的最低消费。也就是说，滴水的用量以及楼梯灯等公共开支，其实是一个比较明确的数字。这笔容易量度的费用完全可以另外收取从而让住户分担。比如按照市价收取，但每户多收10元。

我认为适当提高的价格本质是为了监管租户入住人数。租出去的房子，很难通过事先的协议来约束入住人数，太多的人入住一套房对房东来说当然不是一件好事，首先就是房主提供的设施会由于更频繁的使用而缩短使用年限，比如水龙头、电源开关、房主原有的家具折旧，还有地板维护、墙壁翻新，等等。

另外，单个房间入住人数太多也会影响其他租户的居住质量，比如制造更多的喧闹声。房主当然不可能事无巨细列明各类设备维护责任，也难以限制住户某天多一两个朋友的临时客人。通过提高水电费用，无疑是一个极好的合约限制模式。而从租户的角度来看，当然也不希望左邻右舍整天喧闹。

乍一看，水电费多少全由房主说了算，租户似乎没有一点发言权。然而这个收费标准是房租合约的一部分。租户觉得不合算，完全可以选择其他房主。竞争之下，要捆绑一项不相关的商品收费是极为困难的。房主如果真能以此来剥削租户，电费就可以收几元一度甚至更高了，并且市场上也的确有房主按照市价水电费与租户签订合同的，当然在租金上会有所反映。

IBM（国际商业机器公司）的一桩旧案与此有关。20世纪

30 年代，IBM 出租其制表机时，规定客户必须购买自己公司生产的穿孔卡片，被美国政府以反托拉斯法起诉，最后 IBM 败诉，美国高等法院判决取消了 IBM 对客户购买专用穿孔卡片的限制。芝加哥大学的 Aaron Director（亚伦·戴维德）教授别具慧眼，认为 IBM 的机器捆绑穿孔卡片是利用纸卡的使用量来量度机器使用的频度。这是高见，但他认为这是为了价格分歧，张五常教授予以修正，指出捆绑纸卡赚取不多的钱是维修保养的费用。

虽然媒体抨击出租房水电价格较高的报道时而有之，但差强人意的一点是报道一般附有采访专职部门的信息，而这些部门一般回应说那是租户和房主的协议，不好干涉。这些回应比美国司法部门动不动就以捆绑销售来处罚 IBM、微软等企业的行为高明多了。

公摊面积与缚蟹草绳

在前几年北京有关部门公布的《关于商品房开发项目房屋登记面积测量有关问题的通知》中，规定新申请预售许可的开发项目，原则上不得再分摊建筑楼栋（相互连通的为一个建筑楼栋）外的公用部位。也就是说，计入公摊面积的范围进一步缩小。

或许不少人会认为，此规定使购房者摆脱了房地产商按照建筑面积而非套内面积计算房价的剥削，从而保护了购房者的权益。

且慢雀跃！让我们看另一个例子，金秋十月是持螯赏菊之时。买过螃蟹的人都知道，螃蟹会被水草捆绑得扎扎实实，水草重量占总重量 1/3 是很普遍的事。

虽然偶尔也会有人投诉水草太重，然而螃蟹是连水草一起销售的，人家习以为常，也容易理解。因为螃蟹的蟹螯容易折断，为了减少蟹的动作，保持蟹身完整，增加蟹的存活率，运输也更方便，渔民在捕捞螃蟹之后，就用水草把它绑起来。

捆绑螃蟹的水草，看似多余，其实用处不小。它能提高螃蟹的存活率，也就是说，增加了市场上螃蟹的供应量。同时，张牙舞爪的螃蟹被捆绑起来，买卖双方都减少了不必要的麻烦。房屋的公摊面积其实也与此类似，它并不是多余的，也是房子质量的一个重要组成部分。一些建筑年代比较久的房子，楼梯狭窄，上下楼都要侧身而行，搬运稍大一点的家具上下楼简直是不可能的任务，正是因为这些房子的公摊面积过小。

去市场买螃蟹的人，不会拆去水草，量度螃蟹的净重。当然，卖螃蟹的人也不会用10千克的水草去捆绑一只螃蟹。买房子的人会自己去对比房子的建筑面积、公摊面积和房子的性价比，房产商不会因为故意增大房子的公摊面积占得了便宜。

1千克螃蟹60元，水草有半斤，和拆去水草每千克卖75元，价格是一样的。同样的道理，一纸新规之后，不同的只是购房合同中的单价而已，天上不会掉馅饼。消费者要享受到实实在在的实惠，还得需要一个自由竞争、健康发展的房地产市场。

楼市也可“云计算”

北京为了调控楼市，此前出台了一系列政策，其中就包括本地户籍人口暂停购买第三套房、外地户籍人口暂停购买第二套房、外地户籍人口购买住房需要提供五年以上完税证明等，调控力度前所未有，且有全国蔓延之势。

民众对楼价高企的感叹和质疑一直没停过，北京动辄几万元一平方米的楼价也绝非一般工薪阶层所能承担，因此楼价高企其实对这些人的影响力反而是最小的。至于这种现象是否正常，那另当别论。

一个大城市，如果楼市价格较高，从成本的角度看，也意味着更多的就业机会。楼价升高是结果不是原因，是因为需求大，而这种需求（不管是投资需求还是投机需求）当然也意味着需要更多的劳动力。如果薪金很少，而工人居住生活费用大增，得不偿失，他们就会转到其他地方。

限购的意图是要打击投机炒房，限购的下一步，很可能会推进到租金方面的管制。在前几年的“两会”记者会上，住建部的官员就表明了这一点，认为租金的调控应该也是房价调控的一部分。

租金管制，一般会具体规定各类房屋建筑的租金上限。比如美国纽约受管制的房屋，有专门的机构根据房屋的建造年代、建筑结构和年限、房屋不动产税额、运营和管理费用等多项因素定一个最高租金。租金管制的关键，是限制房主收回房屋。合同期满，租客如果要续租，除了特别理由以外，房主不得收回房屋。这和我们平时常见的自由租赁合同完全不同，租期一到，双方均可自由决定是否继续合同。

这些规定，是基于认为承租人处于弱势地位，因此政策要向他们倾斜。第二次世界大战后，香港的房屋僧多粥少，也学习纽约推出了房屋租务管制政策，直到1998年及2004年，才分别取消了租金管制和租住权管制。其后果是使租赁方和承租方关系紧张，激发矛盾，房屋主人缺乏维护、保养房子的动力。

限购是通过打击需求来给楼市降温，实际上等于削足适履。而租金管制管束了合同的自由度，等于降低了房子的价值。两者皆不可取。房价的问题，时下风头正盛的云计算概念或许能给出一些启迪。

云计算是一个IT（信息技术）术语，其基本原理是将计算从本地计算机抽离，分散于众多的分布式计算机上。在传统模式下，计算能力受限于自己电脑的CPU（中央处理器）、内存等硬件配置，大多数时候各自独立的计算能力是浪费了的。而云计算可以借助网络把多个成本较低的计算实体整合成一个具有强大计算能力的系统，并通过商业模式把计算能力分配给用户。

云计算减少了浪费，充分发挥了机器的计算能力。当然，前提是需要一个畅通稳定的网络环境。楼市调控，其实正可以从中学习一二。

房子长期空置看似是一种浪费，其实房子有主，赚蚀自负，没人愿意长期空置。减少浪费的方法，并不是什么租金管制，而是减少对房子出租、流通的行政干预，楼市调控应疏不应堵，疏的方法是拓宽渠道，降低楼市交易的费用，在市场上投入更多的土地。

在云计算模式中，你使用的计算能力，可能来自全世界任何一个地方，一切计算能力都可以投到网络中去。人口也一样会流动，你的房子其实并不一定要固定在某个城市。全国任何一个城市都可以成为你的住所。在地区竞争之下，某个城市房价畸高，对价格敏感的人可能就会搬到其他城市。更何况，每个人的喜好也不尽相同，有些人贪图大城市的便利，有些人喜欢小城镇的悠闲。允许人们自由流动，就是让他们各取所好。

楼市其实也如同云计算那样，有着广阔的能力释放空间。比如，允许流转用地用于商品住宅开发，允许宅基地和宅基地房上市流通，取消这些原本的管控，利之所诱，会有更多的楼房进入市场交易。

第三卷　行：往来的步履匆匆

火车票价高低谁定更合适?

每近年关，电视、报刊和各大门户网站上就会一如既往地谈论火车票的话题，原因不外乎两个。

第一，火车是相对低廉和安全、选择的人最多的长途交通工具。

第二，中国经济发展的地区性差异导致大量劳动力外出谋生，一张薄薄的火车票，寄托着团圆的希望与祝愿。

车票这头，是冷雨、凄风，是有家不能回的痛苦。车票那头，是灯笼、鞭炮、春联，是老婆孩子热炕头。“回家过年”这个词，自然而然有一种勾人流泪的煽情。

争论的焦点在火车票的价格上。“火车票不应该涨价”“今年火车票会不会提价”等字眼常见诸媒体。有貌似深入的分析说，铁路部门属于垄断行业，提供火车票者只此一家别无分店，因此应该予以价格限制，不能由他们说了算。

这些观点，从经济学的角度看，其实是混淆了应然与实然的区别。所谓应然，是说应该如何，必然会涉及主观价值判断。而实然意指实际上如何，仅仅是事实描述。而经济学是不理会“好与不好”“应该不应该”这些主观价值判断的。

火车票的价格其实并非由铁路部门决定，也不是由物价局或者其他政府部门制定，而是由你、由我、由他，由每一个去买票的人定的。

我们需要对何谓价格有更进一步的认识，不能把眼光仅仅放在票面上标着的数字。火车票价格定为200元，维持这个价格是否就是不提价？新超市开张，特价空调一元一台，这是否就是空调的价格呢？经济学上价格的含义不是票面上的那个价格，因为那样，经济学作为一门科学体系根本无法自圆其说。如同数学，你不能说1+1有时候等于2，有时候等于3。那样，数学体系也会崩塌。

而且，在现实中这也很容易理解。当你转了三趟车、排了10个小时队用200元买来一张车票，如果能省却如此麻烦，恐怕你愿意用400元来买。这和很多人宁愿冒着买到假票的风险多花100多元在黄牛手中购票的道理一样。

可以推测，票面上的价格越低，买到票的难度就越高。在价格管制之下，要通过其他代价来弥补和市价的差额。即便火车票免费送出，蜂拥而至的人群也会把它的代价拉到市价。而两种情况的不同之处是，市价之下，有人因此获益。在价格管制之下，和市价的差额部分会消散在千万人的排队中，不属于任何人所有，如同一个错过了秋天收获季节的苹果，最后烂熟在树上一样。

免费公交将加剧城市拥堵

道路拥堵，四处塞车，这是常见的城市病。一些大城市的人每天不得不花费几个小时奔波在路上，这既浪费了时间也耗费了不少精力。许多人的共识是，通过改善城市道路规划和完善公交体系建设来缓解城市交通拥堵。江苏省政协的一位官员更是建议用免费公交来应对这个难题。

这位官员的想法也代表了不少人的心声。就是通过免费，把更多的人吸引过来乘坐公交，以减少路上私家车的数量，从而使城市拥堵现象得到根本性解决。然而，这里存在逻辑问题。

和一般商品的消费有所不同，例如菜市场猪肉降价，销量会增加，此猪肉还是彼猪肉。公交车免费，乘坐人数肯定会增加，然而，此商品已非彼商品了。因为此时搭乘免费车的人会更多，车上摩肩接踵，人们会比以前更难找到位置。这些额外增加的不适，其代价的平均值会等于减少了的票价。

那些开私家车的，原本就是为了便捷和舒适，才会宁愿花费不菲的金钱去买车养车。公交免费了，但是车上人数更多，比以前更难找到位置，人们会不会为了两元票价而放弃私家车呢？

正因为这个理由，可以推测，公交车免费之后，虽然搭乘人数会增加，但这些人大多数应该就是那些原本没有私家车的人，比如他们原来是骑自行车上班的。还有一部分增加的人数来自于这些人出行频率的增加。

因此，可以想象，公交免费之后，城市里候车亭人头攒动，公交车停靠的时间更长，占用道路资源更多，车上更挤了。与此同时，私家车数量并未减少。交通拥堵现象不是减缓了，而是加剧了。

免费之下，若要使乘客享受的服务质量不变，则必须加大投入。投入增加，实际上相当于价格下降了，乘坐人数会进一步增加。

毋庸置疑，这样继续下去最终会彻底消灭私家车，让大街上走的都是公交车。当公交车都装修豪华，城市的大街小巷都能到达，并且每分钟有几趟经过，车多到每辆车上常常只有一两个人，这个时候，还会有人购买私家车吗？

当这个城市目之所及都是公交车的时候，你最终会发现，一切又回到了原点：城市拥堵有过之而无不及。只不过所有的车都是公交车。当然，你可以继续辩解，说免费公交的同时，应该扩建城市马路，改善道路环境。“一切问题，都是成本问题”，这是经济学上的一句点评。

三代出一个名车品牌

随着经济的发展，现在有车一族越来越多，各式各样的车展也令人目不暇接。其中，最令人难忘的就是那些价格不菲的世界名车了。许多人会发现这样的现象，琳琅满目的名车，不少是以人的姓作为品牌的，例如劳斯莱斯、法拉利、奔驰等。

其中，法拉利品牌创建于1947年，创始人是世界赛车冠军、汽车设计师恩佐·法拉利。劳斯莱斯是英国人亨利·罗易斯（F. Henry Royce）和罗尔斯（C. Rolls）于1906年共同创建的。我们不难发现，这些牌子大多有比较长的历史，有些甚至和人类的汽车工业同步。比如我们熟悉的奔驰，其品牌名就是创始人之一的卡尔·本茨的姓。卡尔·本茨出生在德国一个手工业者家庭，家境贫寒，曾在机械厂当学徒，为了生计拼命地工作。后来，他改进了奥托四冲程发动机，终于于1886年试制成功世界上第一辆单缸发动机三轮汽车。作为世界汽车工业的先驱者之一，他不但是奔驰汽车公司的创始人，更被后人称为“汽车鼻祖”。

不仅汽车行业，其他传统行业同样也存在类似的现象，国外一些起源于人的姓名的品牌，甚至经历了几百年的传承延续至今。这能给我们怎样的启迪呢？

巴尔扎克说，三代才出一个贵族。类似汽车工业这样的传统行业，很少有如今互联网时代新兴产业一夜成名天下知的传奇故事。一个国际知名品牌的产生，常常需要付出几代人的努力。因此，除了创业者本身的辛勤拼搏，以及继承者的开拓和创新以外，更重要的是，还需要能够允许持续发展的外部环境。也就是说，需要一个能够给予人们稳定预期的环境。这样的环境，不能说变就变，要尊重产权、保护产权，人们才会有动力花费不止一代人的时间去打造一个名牌。这也正是以家族姓氏作为品牌的名车，能够穿越 100 多年的历史，甚至经历过两次世界大战都能够顽强生存下来的原因。

而反观中国，改革开放已经 40 年了。40 年大概只是一代人的时间，不能过于奢求了。2007 年，我们通过了《中华人民共和国物权法》，第一次通过正式立法保护私有财产，虽然会有纰漏，但至少是一种姿态：未来之路，会尊重产权，保护产权。我们期盼着，并且也应该相信，坚持改革开放的道路走下来，我们的身边终将会有更多属于我们自己的国际品牌。

延长收费期限难解公地悲剧

高速公路在重大节假日免费通行的政策，在我国已经实行多年。大多数媒体在肯定这是惠民政策之余，对车流量激增导致的拥堵，则认为要加派人力予以疏导。而免费通行导致路权、人权受损，政府将会采用何种方式补贴则没有定论。

交通运输部早前发布的向公众征求意见的《收费公路管理条例（修正案征求意见稿）》对此有了初步方案。意见稿里列明收费公路因为重大节假日免费拟延长收费年限，还贷、经营期满后的高速公路可以按照满足基本养护管理支出需求的原则收取通行费。

我国高速公路建设速度有目共睹，这正是得益于谁建设谁受益的模式，各种资本能够进入道路桥梁建造等这些投资回收期较长的大项目。旨在给路权人以补偿的意见稿一出，便引发媒体的广泛抨击，某知名南方媒体更以《收费公路新规引质疑：免费20天换来多收一两年》的文章来质疑。这种简单对比的错误是明显的：不是一年中的20天免费，而是收费期限内的每年重大节假日都免费。不是现在立刻增收一两年的费用，而是过了二三十年之后才收取。

这些时间，需要加上利率的影响，对比才有意义。人类的迫不及待，是利率存在的根本原因。按照 5% 的利率，每年 20 天连续 25 年的免费通行时间折现约为 286 天，但是这个时间如果相反是折算到 25 年之后，那么按照利率计算，约为 968 天。

这意味着，你每年向别人借款 20 元，约定 25 年之后一次性返还，按年利率 5% 计算，到期要还 968 元。考虑到有部分车辆没享受免费政策，有统计数字表明约八成车辆免费，故此 20 多年后延期两年是大致合适的补偿了。当然，不能对所有的公路简单划一地增加两年补偿，而是要按照实际到期年限计算。

在既有的免费通行政策未能变更的情况下，如何补贴路权方损失？有各种办法。比如这笔费用直接由财政报销，或者提高平时收费的标准。财政报销意味着所有的纳税人都需要为此买单，而提高平时收费的标准，这个范围缩窄到所有使用高速公路的人为此买单，然而这些人有相当一部分并没有在免费时段使用过高速公路。

各种措施都难免有所偏颇，一言以蔽之就是存在“无辜者”，他要为别人的使用买单。而意见稿的延长收费年限，是将时间推后了，等于未来使用高速公路的人为现在的使用者买单。而意见稿的延长收费期限，仅仅是明确了给路权人的补偿方式而已，解决不了因为免费使用导致的公地悲剧问题。

“公地悲剧”是指如果资源无主，不受约束，那么在竞争的情况下会被过度使用，常见的例子是草地放牧和海洋捕鱼。而到了经济学家那里，结合租值理论分析，对公地悲剧有了更深刻的认识。

资源有产权保护，会约束其投入在收益恰好等于边际成本那点之上，这时资源也得到了最高租值的使用。但如果资源无主，只要有利可图，就会不断地有人耗费精力攫取，在竞争的情况下，大部分租值是被耗费了。高速公路免费，即便可能拥堵，人们权衡计算，如果省下的路费高于因拥堵多花费的油费以及时间价值，并且估计会比走其他免费的省道快，他们就会开车进去。高速公路的相当一部分租值是被耗散了。

政府出台这种免费政策或有着惠民的初衷，但现实良好的愿景很可能适得其反。就实行免费通行的这些年所见，车主并没有因此省下多少，而这些免费时段有急事要出远门的朋友则叫苦连天。相比 20 多年之后的补偿，管理者当机立断取消这个免费的午餐政策才应该是正解。

货车为何经常超载?

超载是公路货运的普遍现象，也常是媒体报道的焦点。人们可以轻而易举地列出超载带来的一些问题，例如影响了车辆转向和刹车系统，可控性降低，容易出事故，还对道路和桥梁造成损害。媒体每每是一片谴责之声，不是谴责司机急功近利、罔顾安全，就是谴责路桥收费太高导致司机不超载就没钱赚。

媒体曾报道过，河南省商丘市永城的一位女车主因为货车超载被查处愤而喝农药，此事使当地运政、路政部门遭受到前所未有的舆论压力，甚至有多名责任人被移送司法机关。人们痛恨超载，认为这种现象屡禁不止的原因是利益部门作祟。比如在永城，运政、路政方面有所谓的“年票”“月票”，缴纳这些费用后，就在一定的范围内允许超载的货车上路。

这里必须回到根本性的问题，货车为什么会超载？在两地之间运送货物，有些费用是相对固定的，比如路桥收费、高速通行费，货物单次装得越多，单位货物分摊的这些固定费用就越低。虽然多搭载货物会耗用更多的燃油，但是这时候多出的燃油是直接用于边际之上的货物增加量。如果再走一趟，还要为车身重量多付出油耗。

除此之外，汽车有使用年限，购买车辆的投入有利息，人力也要支出，这些属于买了货车从事运输之后就存在的费用，所以单次多运载一些货物，在一定时间内就能运送更多的货物，摊薄单位货物的这些费用。

当然也并非超载得越多越好，一辆汽车的载重能力不会无限，司机装载多少货物，还要考虑其他成本。有些公路会按照重量收费，每超过核定载重一定的比例加重收费。另外，超载会使汽车磨损加大，零部件折旧得更快。转向和刹车系统的可控性也会降低，若发生事故得不偿失。

如果超载带来的这些费用合计折算起来比不上能节省的路桥费、油费和人力时间成本，司机当然会选择超载。抨击超载的人常说司机只考虑自己的利益，没考虑社会成本，因为超载会增加发生事故的可能性，会祸及他人，而且容易损害道路和桥梁，缩短使用年限。

这种观点是错误的。

首先，事故发生率其实已经包含在保险费用中了，一台常年上路的大货车，保险公司会评估它出事的风险而收取保险费。

其次，如今很多公路都会按照汽车载重收费，超载得多的缴纳费用也多。

最后，就是类似永城的这些额外的年票、月票，其实正是对超载可能对路桥损害的额外收费。这些费用并不是什么社会成本、外部性问题，而是包含在司机的成本评估里了，是彻彻底底的内部性问题。

还有一种观点认为司机超载是因为路桥费太高，这更是错误的。即便所有的道路都免费，在竞争的情况下，司机收入依然是市价，有暴利就会有无数人蜂拥而入，更何况现在会开车的人越来越多，专业司机能赚的是长期的驾驶经验积累和熬夜、长途跋涉的辛苦钱而已。如果所有路桥免费，那么运费会降低，但也只是货主受益而已，康庄大道可不会从天上掉下来。

真要从根本上杜绝超载现象，不是让路桥免费通行，而是施予重罚甚至重刑，比如超载的一律罚款数十万元判刑几年，恐怕再也不会有人超载了。问题是这会带来什么结果以及这种结果真是我们所要的吗？

公路运输一直以来都是我国最主要的运输方式，公路货运量占总货运量的七成以上。根据统计局的数据，2012 年我国公路货运量超过 320 亿吨，运输费用估算近 5 万亿元。如果杜绝超载，那么每年 5 万亿元的运输费用即便只增加两三成，就是超过万亿元的天文数字了。

可以说，人们选择任何行为都要面临成本和收益的计算，要避免出一切交通事故，禁止一切交通工具即可。超载的危险其实被高估了，地方政府会有不同的处置方案，那些过度超载的会被查处，而在风险评估范围内的超载会被宽容，类似永城加收的年票、月票费其实正是对超载者可能损害路桥设施的一种附加收费。

因此，如果我们不想承受运费提高的后果，那么允许一定程度的超载就是一个较优的选择。一个现实的例子是永城车主喝农药事件报道后，四川省公安厅和交通厅联合发布严禁超载公告，并且在高速公路口设卡，超限、超载车辆都将被现场处理。而之后又补发通知，合法超限运输车辆办理许可手续后可以上高速公路。

飙车案的经济学释疑

当年，媒体和网络都曾热议引发重大伤亡的深圳“526”飙车案。深圳交警创纪录地在短短三天内开了数场新闻发布会向公众解释，即便如此，各类传言依然没停息。

人们之所以怀疑此案有人“顶包”，主要起因是肇事者事后离开现场几个小时，并且刚好医生误会另外一位无关的求医者是肇事者。再后来，公众认为警方公布的视频有作假现象，加上各类小道消息迅速在网络传播，即便后来警方公布了DNA（脱氧核糖核酸）对比结果和视频实验解释，“顶包”的传言仍继续演绎。

法律上的案件定性需要鉴证方面的进一步证据，但从经济学的角度来看，从警方开第一次发布会公布相关的视频认定肇事者没有“调包”后，我就跟一些有所怀疑的朋友说，这起案件已经很明了了。

酗酒、飙车、重大伤亡，肇事者面临的法律惩罚显然会很高，而这也意味着“顶包”之人成本极高，基本上等于买下了他余下的一生，并且必须是极为信任的人，否则收买者承受背叛的成本也很高，一旦事发极可能从本来非死刑改判为死刑。更何况，被怀疑“顶包”者经过检测是醉酒驾驶，让一个醉酒者去“顶包”更非理性行为。

而同时，这是发生在大城市深圳的从一开始就置于媒体聚光灯下的交通肇事案件，警方经过调查公布的证据是很可靠的，难以想象整个深圳交警系统会为此案而伪造一系列的证据。如果视频作假，那么要在短时间内制作这样一批作假视频，需要的人力物力会是天文数字，并且知道的人越多，暴露的风险越大。在这些条件约束之下，随着警方发布会的召开，我认为“顶包”的概率就大大降低了。随后更多的视频证据链的形成、DNA 科学证据的公布，已经把“顶包”的可能性降低到接近于零。

在关于此案的争论中，我留意到有些锲而不舍怀疑到底的网络 ID（身份标识号），其本身是开网络策划公司的，不断地提出一些无关宏旨的疑点以便引人注目。其实从经济学角度来看，这些质疑是苍白无力的，因为这和他们的利益有直接关联。

当然，这并不表明绝对不会有其他可能性。即便是肇事者当场被捕，也不能排除后来以容貌相近者“顶包”的可能性。即便是最严谨的 DNA 对比，认定概率也是一个极为接近而不等于 100% 的数字。警方要为了这微乎其微的可能性无穷尽地探究到底吗？

经济学的逻辑推理并不能作为直接证据，经济学也不会僭越要去替代法证和法官的作用，但完全可以用来帮助分析案情。案件发生，警察也会先从周围圈子入手，找出有犯案动机的人，逐一调查排除。可以说，这种动机分析其实在很大的程度上就是经济学的成本分析。

有人会认为这踩过界了，然而经济学本质就是解释人类行为的科学，经济学家其实早已开始了相关的尝试。美国三位经济学家甚至以马歇尔·杰文斯的笔名（显而易见这是以被誉为现代西方经济学之父的马歇尔和以边际理论著称的杰文斯两人姓名合编的）写了两本经济学侦探小说《边际谋杀》和《致命的均衡》。

在《致命的均衡》一书中，人类学家克莱格院长曾经学术造假，而年轻的经济学教授发现里面的数据不符合最大化的原则而看出了造假，并以此要挟让他通过自己的教授资格评定。院长由此杀死了他和另外两位知情者，并且最后知道自己东窗事发时选择了自杀，因为学术造假是非常恶劣的行为，一旦被揭发就会身败名裂。

有趣的是，小说里这位用经济学抽丝剥茧最后找出真凶的斯皮尔曼教授的原型，就是经济学家米尔顿·弗里德曼教授。小说所凸显的经济学主题，不外乎是经济学自私假设，即效用最大化原则：人们做任何事情都是从最大化效用的原则进行的，甚至包括杀人和自杀。

误撞豪车如何定责更合理？

朱小姐驾驶的雅阁车转弯时未避让直行的劳斯莱斯而导致碰撞，要负该起事故的全部责任。而豪车维修费用有可能非常惊人，这笔费用应该由谁负责？几位朋友对之前发生的这起撞豪车事件颇感兴趣，于是在网上讨论起来。

朋友A说，由于朱小姐负全责，维修费用当然应该由她负责，贵也没办法，只能以后见到豪车就尽量离远点了。朋友B说，目前针对第三者的保险赔偿有限，她还是很可能支付不起。保险公司应该推出针对撞豪车的新险种，这也是一个市场机会。朋友C则说，你开这么贵的车出来，对方又不是恶意碰撞，自己也应该负部分责任啊。

事故的确是由朱小姐的过失造成的，车主因此受损。从直接责任来说，你损坏了我的财物，当然要按价赔偿，似乎天经地义，也符合传统价值观。然而真要赔100多万元，人们又似乎觉得不太合理，但说不出所以然。

有人说保险公司应该推出针对这种情况的新险种。任何市场行为都有交易费用，如果这种费用过大，交易就不会发生。某些高档豪车由于保有量少，维修服务站欠缺，所以不少保险公司干脆直接拒接保险。如果信息费用过高，这种险种就不会存在，并且这也解决不了责任认定的根本问题。

我们知道，源自科斯定律的法和经济学的方法论一直受到不少质疑,他们认为以效率来界定权利有损权利的先验性与正义性。然而，法律的问题用经济学的角度分析，能让纠缠不清的观点明晰起来。科斯定律指出，如果交易成本为零，那么权利的初始配置不影响资源使用效率。然而，物理世界难免没有摩擦力，市场交易费用当然也处处存在。那么，权利的界定和分配会如何影响资源配置的有效性，又或者说，权利要如何配置才符合效率原则呢？这是法和经济学关注的重点。

传统法学所关注的主要是已发生之事的责任认定，而把经济学引入法律，重点是事前机制的研究。因为事先规则会提醒市场交易双方评价自己的成本及收益，从而影响他们的决策行为。从预防事故发生的角度来看，成本高的就是效率低，成本低的就是效率高。一辆豪车穿街过巷发生事故的概率会增加，车主避免开太过昂贵的车到路况复杂的马路上不难做到，但让其他车辆都设法避免和豪车可能的碰撞，成本何其高。因此，把预防事故发生的责任更多交由豪车车主去承担，会是一个成本更小的选择。

这种分析方法其实契合了传统法学的一些判法，也就是说，在一般法律定责中，其实已经使用了这些方法，但人们不愿意承认是从效率角度看问题，而是付诸公平等字眼。但究竟怎样才是公平其实并非一见即明，路人在你家门口滑倒了，法院判你要为此负责你会觉得不公平，法官却认为，由你来负责门口保洁工作比每个穿行而过的行人都要小心翼翼成本更低。

找不到肇事者的高空坠物责任认定也近似。如《中华人民共和国侵权责任法》规定：从建筑物中抛掷物品或者从建筑物上坠落的物品造成他人损害、难以确定具体侵权人的，除了能够证明自己不是侵权人的以外，由可能加害的建筑物使用人给予补偿。这条法规其实也是基于成本分析，当然并非无瑕疵或无争议，但也是对比了各种办法，比由政府为之买单、受伤人自己负责等办法更为有效，这样也可以促进同栋楼住户进行互相监督，降低事件发生的概率。

由此，回到撞豪车事件，事故责任方朱小姐应该在最高保险范围内赔偿对方，但车主也应该为自己的豪车进入普通路段负担一定的责任。如同你捧着一个元朝青花瓷器走在人山人海的街道上，即便他人过失碰撞了你，跌碎了价值连城的宝物，所承担的责任也不应该太高。当然，法律不应该保护那些故意损坏他人财物的行为。

排队吃饭和排队买火车票的区别

每年农历新年前后，春运都是媒体的焦点。还有人调侃说，中国能够处理好奥运会和亚运会问题,但就是解决不了春运问题。事实上，随着铁路运力的提高，包括高速铁路的投入运营，单位时间内已经可以运输更多的旅客了，买票难的问题与以前相比已经有所缓解。但相对于短时间内暴增的人流，排队现象依旧，黄牛党仍然有利可图。

排队现象的产生，是因为价格有所管制。节前几天的票最为紧俏，是因为人们都想在大年三十之前回到家。也就是说，大年三十之前几天的火车票是最为紧俏的商品。如果可以通过价格进行调节，靠近春节几天的票价要提高不少，而离春节还有十多天的那些票价格稍微增加，年初一的票价降低，这种价格安排是和人们的需求相称的。人们就会提早安排，选择合理的回家时间，而不是将这些时间耗费在排队上。排队无产出，必然存在租值耗散。

春节期间，饮食生意火爆，去酒楼吃饭常常要排队，而平时周末也一样，酒楼有人派号，按号码轮候，等大半个小时很常见。朋友因此取笑我："你们不是说火车票价格要提高吗？现在这个酒楼也没见提高价格啊。”

朋友虽然是经济学的外行，但是他却问了一个重要的问题。除了春节的火车票，现实中的排队现象也比比皆是：超市开张，商品大打折扣销售，门外一早就排起了长龙；周末的酒楼生意很好，经常要排队取号；iPad 上市，不少人不辞辛苦通宵排队，成为一景……火车站前的排队，和酒楼等位的排队、苹果手机专卖店前的排队有什么区别？这个问题不简单。常见的排队，在生意好的饭店、专卖店，还有超市都可以见到。

比如，没去澳门之前，我就曾经听人说过氹仔有一家小店做的猪扒包很好吃，限时限量销售，常要排队。后来去澳门找到这家店，也等待半个小时才吃到传说中的猪扒包，但不觉得很特别。限时限量供应，商品能都卖完，说明其实可以卖贵一点或者卖得更多一些。一个不可能错的说法是商家都是追求最高利润的。如果可以提高价格把商品卖出去，而他们没有这样做，说明是通过这些费用来节省另外某些更高的费用。

而所要节省的这些费用是什么，要看具体情况，是没有定论的。比如，餐馆门前的排队有一个正面作用，向路人透露出“餐馆原材料新鲜，味道还可以，所以这么多人光顾”的信息。当然，还可能是因为存在菜单成本，频繁更换价格增加不确定性，会影响消费者的信心。另外，如果一位顾客愿意排队，也表示他的消费会较高，一位仅仅为了解决午餐问题填饱肚子然后开工的职员不会排队等大半个小时。对餐馆老板来说，在某些情况下，他可能愿意通过降低单位价格来提高每桌的消费额。

商业性质的排队，盈亏有主，商家本来可以通过提高价格等手段取得排队的时间租值，但是，因为有其他因素的考虑，耗费这些租值对他们来说，可以节省更大的费用。对整体生意来说，不存在租值上的浪费。

而通过政策手段实施的价格管制，大部分租值是白白耗散了。若以春运发送旅客 2.3 亿人次计算，按照平均每人次耗费两小时用于排队的保守估算，总耗时为 4.6 亿小时。按照每小时 7 元的低位收入计算，总耗费将超过 30 亿元。这部分耗费本来是可以通过放开价格节省下来的。比如，你排队两小时买到一张票，如果你愿意多支出每小时 7 元共 14 元的费用避免排队，那么这部分收入会实实在在地落到另外一个人的手中，而你的处境至少不会比以前更差。从整个社会来看，每年浪费的庞大时间，本来可以用于生产，制造出更多的产品。

“价格联盟”真能稳定吗？

一天傍晚，饭局完毕，我在路边一个公交车站旁等车回家。公交车半天没来，而旁边聚着不少摩的四处招揽行人。我便趁此观察他们的行为。

平时乘车经过这里，总会看到几辆摩的在等客。显然他们是有针对性的，在这里下车的人，大多是租住在附近几个村落的。近一点的可以步行回去，而稍远的，比如一千米以上的，大多会选择打摩的。

一辆公交车开过来，几辆摩的追了过去，靠近车门等人下车。这样的现象让我陷入思考：当某辆摩的追上行人谈价钱的时候，总会有另外的一两辆不紧不慢跟在旁边。我以前一直以为，跟上去的是试图抢客。如今听到两辆无功而返的摩的司机的对话，让我知道原来看法是错的，他们其中一位埋怨另一位开价太低，“去那里至少应该 3 元的”，对方反驳说“你上次不也是一样，去 ×× 地只收 3 元”。我猛然醒悟，跟着的那个人主要目的不是抢客，而是监督。

距离多少，大概收费如何，他们有一个默认的行规。某天甲摩的可能顺路，愿意大幅度降低价格搭客（之前我就亲眼见到一位摩的司机用公交一样的价格招揽一位客人去接近 5 千米外的新车站），或者乙摩的某天看到甲摩的开价 5 元，在旁边开 4 元抢客……这种互相之间的价格战可能两败俱伤，为了防止这种后果、平衡利害，他们之间就收费形成了一种默认的标准。

不妨把这样一种默认的收费标准看作一个价格联盟，我们要思考这样的问题：这种价格联盟是否能够维持一个垄断价格？这样做是否损害了消费者的利益，应该设法禁止呢？

首先，这里并非一个封闭的环境。据我观察，这个车站的摩的数量经常变化，有时两三辆，有时六七辆，不排斥外来者。更何况，不时经过的流动摩的也减少了坐地起价的可能。还有就是他们之间的这种监督，其实只是一个非常弱的约束，没有政府强制力，没有暴力。有人或许会说，摩的能通过“欺生”来赚取额外的利润，这种现象固然有之，但不会普遍，也不难破解，因为信息不对称在摩的和搭乘者之间同时存在。

其次，摩的的例子反映了联合定价的困难。比提供摩托车搭载服务更为复杂十倍百倍的产品和服务广泛存在，要在他们之间维持一个共同的价格基本是不可能的任务。近来，彩电行业价格联盟、航空公司联合提价、石油组织约定油价等报道不绝于耳，似乎市场中包藏着无数试图获得垄断利润的祸心。曾闹得沸沸扬扬并已经实施多年的《中华人民共和国反垄断法》，政策制定者对试图管理和调节价格，都有一种理性的僭妄。价格联盟这个词语也时髦起来，随便一个人都可以夸夸其谈出一大堆害处：联合制定价格、垄断市场、损害消费者的利益。

类似论调，多年前，我在国内一位著名经济学家的访谈中也看到过，他谈及价格联盟，首先谈了价格联盟造成的众所周知的一大堆害处，比如它是逃避市场竞争的垄断行为，违反了公平竞争的原则，损害了消费者的利益。而在最后，这位经济学家话锋一转，又指出这种联盟没有成功的先例，即便是石油输出国组织这样强有力的组织所达成的限产提价的协议也很难实现目标。当时我便笑出声来。既然价格联盟没有成功的先例，又谈何“破坏了市场竞争、损害了消费者的利益”呢？故此这位经济学家的话语，我分而处之，前半部分当之为面对媒体和公众的官腔，后半部分才体现了一个经济学家的逻辑。

谁会买水动汽车?

之前，网络上曾热传过一则据闻源于英国路透社的报道：日本某公司发明了用水驱动的环保汽车，仅需要 1 升水即可以 80 公里时速跑一小时。只要不断地加水，这辆车就可以永不停息地行驶。

文章里有不少难辨真假的术语，术业有专攻，外行人未必能懂。这类信息其实并不鲜见，当年铺天盖地的关于水变油的神话、永动机传说的报道，许多人仍记忆犹新。如今，“水动汽车”又来了。

真的假的?

先说一则笑话：发明家甲和乙争辩谁的发明技术好，甲说他发明了超节能洗衣机，能耗比目前洗衣机降低九成。他把几件衣服扔进去，洗干净之后发现果然非常省电。乙不服气，说他发明了不需要电能或燃气的洗衣机。他也把衣服扔进了一台没有任何能源设备的洗衣机，果然洗净了。甲瞠目结舌。乙说他这台洗衣机不需要电力和煤气，但是需要粮食。打开盖子之后，原来里面藏着一个人。

我们不妨把这样的笑话看作对那些不计成本、拼命追求某些参数的设计者的嘲讽。乙的洗衣机的确不需要能源，但是，你能说这样的洗衣机成本低吗？

也基于此，不妨假设这个世界上真的存在永动机，真的可以化水为油。例如，某人发明了一台不需要任何能源的洗衣机（排除上文那种里面藏着人的幽默成分），你猜是否就能大行其道、推而广之，替代地球上那些需要电力才能运转的“大家伙”呢？

未必！如果生产这台洗衣机需要100万美元，恐怕你家里那台洗衣机日夜运转一年的电费，也远远抵不上这100万美元的利息收入。

事实上，不需要电能的设备早已经有了，比如太阳能热水器。但为什么这种热水器不能把耗费电力的其他产品赶出市场呢？那是消费者的投票，他们会反复揣度：太阳能热水器多花了的钱和节省的电费，究竟哪一个合算？

这就是市场！由此看来，实在没必要去搞清楚到底水驱动是真是假，消费者自然会捂紧自己的口袋，反复权衡，锱铢必较。市场可能会淘汰大量的发明和创新，不必灰心，其实这是成本最小的选择。当然，如果政府补贴99.9万元给买这种机器的人，那另当别论。如同政府补贴生物燃油，它当然显得“便宜”了，然而三岁小孩都应该知道，那不是真实的成本。

从小区车位说起

几年前认识的一个朋友，是某企业外贸部经理，最近见面时，我听到他抱怨工作似乎总忙不过来，部门差错也多。比如不久前就发生忘记及时给客户送样板的事故，两位文员互相扯皮，都不愿意为此负责。

据我所知，这位朋友部门职员不少，对于他们的企业规模来说应该是足够的。联想起我不久前思考过的小区车位问题，若有所悟，我跟朋友说这很可能是职位冗余而非人手不够的问题。

我所在的小区有两个园区，一期 A 园区车位月租金 150 元，如果没有租车位而停车过夜者，出口处有保安会检查并收取 7 元的费用。而二期的 B 园区出口处却没人监督收钱。

为何一个园区要专人去收费而另一个园区没有，这是一个有趣的问题。我曾在微博上征求解释，没人猜得到。身在园中，局限条件我是知道的：A 园区是第一期，容积率较低，车位绰绰有余，如果没人在门口监督收费，就没人愿意按月租用车位了。但 B 区容积率较高，车位发售时（20 年使用权）被一抢而空，包括暂时没车的也去排队。车位本身不足，不租车位而搭便车的行为会受到业主本身的监督，不需要通过保安在门口收费来监督。

一个小区，如果汽车很少，收费所得抵不过人力支出，就不会有人收费。如果汽车很多，车位不足，也不需要有人收费。收费的本质，是为了监督业主租车位。一般而言车位会相对稀缺，但是我们这个小区一期，当时建于城郊，如果发售不来个开门红，很可能满盘皆输。考虑这一点，开发商设计楼盘的时候会降低容积率，搞好示范盘，周围空旷，故车位足够。

而B区车位价格显然是卖得偏低了，发售前一晚，不少业主甚至雇人通宵排队。应该卖什么价格，开发商不一定心里有底，但如果价格定得过高，业主会有情绪，没有一次性卖完导致空车位太多，也使没买的人容易搭便车，加大了后续销售的困难，管理方需要增加额外的监管费用。

回头说这位朋友的困扰，他的单位要图发展，顺应新业务的需要招聘了不少新人，导致分工过细，互相扯皮的现象屡有发生，流动性也高。如同有空车位会增加监管费用那样，人员过多也会导致员工工作散漫，人浮于事。我对他说，适当减员提薪，或许是一个更适合的办法。

这些外贸文员领取的是固定薪金，容易通过电脑打卡来监督其出勤天数，但工作积极性以及效率是难以监督的，既可以三分钟也可以三小时干完一个活，市场并不会给出一个勤奋程度和各种办公技能的具体考核标准。减少人数，并且将省下的钱通过提薪或者其他奖励办法分给其他人，职员会更自觉地约束自己的行为，提高工作效率。

近似做法有案可查。30 多年前，张五常教授曾经写过一篇考察香港影剧院座位票价的文章，其中提到香港置地公司的案例，该公司经理在法庭上解释说他们收的租金比同级的商业楼宇大约低 10% 的原因，是要借此给租户压力，促使他们遵守准时交租等协议。特别是那些装修好再租给客户的物业，长期稳定的租户比频繁变动的租户会更注重物业保养。置地公司适当降低租金的做法，实际上等于拿出一部分费用来返还给优质租客，这笔费用在他们看来甚至是低于拖欠租金以及频繁变更租户等带来的损失。

而有经济学家总结这些现象，提出效率工资假说，认为雇主为了激励员工会用高于均衡价格的工资来雇用他们，以便提高员工的效率。但均衡价格是多少不易得知，比如我这位朋友那里，员工较多的时候每个人的工作量和减员后是不一样的，不同的工作无从比较是否高于均衡价格。故此效率工资一说，是无稽之谈。

第四卷　趣：生活背后的经济学

我们为何无法收看 TVB 广告?

在珠三角地区收视率最高的 TVB 翡翠台，每年都有广告颁奖晚会，表彰年度优秀广告。每于此时，我们都会感叹一番：这些广告咋都没见过？亦有朋友去香港游玩，看到真正完整版的节目，回来会对本地插播的垃圾广告痛骂一番。

是的，从电视广告大致可以看出一个城市发展的水平和素质。广东省各地区播放香港电视节目，默认规则是插播自己的广告，而这些广告制作大都恶俗粗鄙。而近几年我们看得最多的香港广告，可能是刘德华关于服务态度的公益广告了。

我们为何无法收看 TVB 广告，其实并非一个简单的问题。广东省珠三角等地区由于毗邻港澳，20 多年前就可以收看那边的电视节目了。那时候，各家各户的鱼骨天线蔚成一景。如今，因为政策上禁止私人使用卫星接收器，对于大多数地区，要收看香港电视台，就必须通过各地的有线网络了。

虽然地方有线电视台各有各的利益，但一直以来是作为某种政策宣传工具，属于宣传部门所管。这就阻碍了其他资金的进入，要并购组建成现代型的企业暂时是不太可能的。而卫视台要落地，必须向地方广电系统支付费用，也就是所谓的落地费。全国各地有大量的有线网络，各有各的利益，谈判成本居高不下。并且还有所谓的省网、市网、区网并存的区域，这些地方更为复杂。比如，某卫视要想将成都市武侯区全部覆盖，就必须同时与四川省网、成都市网和武侯区网三个网络签订落地协议。此前，正是由此闹出了风波：浙江省宁波市广电系统由于和湖南卫视关于落地费的协议无法达成，中断了其节目信号，引起媒体的广泛关注。

以 TVB 为代表的香港电视台，由于历史和地域原因，一直被默许在广东地区的电视台播出，但很长一段时间都没有取得正式的落地权。直到 2002 年和 2004 年，亚洲电视和 TVB 才正式落地广东省，但由于广告分成问题，双方最后没有谈定而搁置至今。

显然，这涉及两种不同的合约。内地卫星电视台通过向地方有线网络支付落地费，播放自己的节目，赚取广告收益，这是租金合约。然而，由于 TVB 属于外资电视台，落地费的谈判成本更高，就试图换一种合作模式：TVB 提供电视节目，默认广东省地方电视台插播自己的广告，然后进行广告分成。这就是分成合约了。

从经济学的视角看之，因为未来收入的不确定性，双方预期也不一定相同，所以可能难以订立一个双方都满意的租金合约，这时候市场双方就会趋向分成合约了。但与租金合约相比，分成合约也存在监管费用和量度费用都比较高的问题。两弊相衡取其轻，要看不同的约束条件。内地不少卫视台采用租赁有线网络的模式，一是可以提高收视人数，二是可以争取更多地区商家的广告投放。这也是虽然要和各地区有线网络谈判，但他们仍大多采用“落地费”这种租金合约模式的原因。而 TVB 等外资电视台被允许进入的地区有限，受到更多的监管和约束，并且 TVB 一直是面向香港的电视台，广告来源大多数是香港本土，而这些广告的商品，大多无法正常进入内地市场销售，不像内地各省商品是可以自由流通的。这样虽然播放区域增加了，内地投放广告增加了，但是广告却是有区域性的，这会抵消部分广告效应。

故此，与内地电视台相比，租金合约的成本更高了。当然，如果内地能够大力推行改革，放开资本进入限制，全国各地的有线网络会有一轮兼并或合作浪潮，电视节目供应商和有线网络之间的租金合约谈判成本会大减，并且外资电视台可以落地全国。那时候，内地的份额会异常重要，TVB 就极可能也采用租用有线网络的模式了。我们就可以看到真正来自 TVB 的广告了。

不过，这些广告很可能会变成内地商家的了。

Wi-Fi 信号共享到底谁不爽？

随着智能手机等移动上网设备的普及，有 Wi-Fi（一种允许电子设备连接到一个无线局域网的技术）信号的地方也越来越多了。小米公司曾经在 MIUI 系统中推出 Wi-Fi 密码共享功能，用户可以把自己使用过的 Wi-Fi 一键分享给其他人。其他人不需要知道密码，点击这个分享链接即可连 Wi-Fi。当时，该功能一推出便引起业界极大的关注，旋即批评也接踵而来。

有人认为这极大地方便了用户在公共场合使用 Wi-Fi，而也有人认为这等同于盗窃，因为既然别人设置了密码，就意味着不允许透露给其他人，你来我这里消费，我才允许你使用 Wi-Fi。

小米公司的做法错了吗？实际上，即便没有这个分享功能，去过咖啡店的顾客会知道密码，他可以告诉他的朋友，这算不上什么道德问题。还有，现在手机、笔记本等移动设备基本都带有热点功能，可以把自己作为信号源，供其他人的移动设备使用。

在理论上，店方完全可以要求顾客签订合同，规定此密码只能自己使用，不能透露给别人，并且不能以咖啡店的 Wi-Fi 信号生成热点，因为门口的路人可能会因此蹭网。但在现实中我们没见到这样的合约，这是什么原因呢？

市场有交易费用，合约的达成、保护均有成本。当这个成本高于合约本身带给缔约人的好处时，合约就不会达成。一般 Wi-Fi 信号接收距离有限，碰到有建筑物的遮挡会大大衰减，这一点是重要的约束因素。有人会为了蹭网一整天坐在咖啡店的门口吗？

故此，其实不少消费场所为了省下每次都告知顾客密码的麻烦，干脆不设置密码。有人担心家庭 Wi-Fi 也会泄密，首先，去私人场合会把密码分享出去的行为极少，而且小米的共享功能也有相应的防范机制，就是要达到多少人共享才能判断为公共场所的 Wi-Fi。还有就是私人使用的网络也完全可以在路由器上绑定 MAC（媒体访问控制）地址。

Wi-Fi 共享功能其实是方便顾客同时也方便商家的，它不需要频繁地把密码告诉每一位顾客。故此，我怀疑那些反对声音当中有多少真正来自商家。虽然最后小米公司宣布暂停该功能，并且销毁了保存在云端服务器的数十万个公共场所的 Wi-Fi 密码，但我认为其他手机系统很可能会跟进。我觉得有意思的一个问题是如果有咖啡店店主把提供共享功能的手机生产商告上法庭，认为此功能侵犯了店方的权益，这个官司结果会如何呢？我认为胜算概率不高。

举这样一个例子吧，一条街道两旁是骑楼（骑楼就是用立柱支撑形成内部人行道的南方一些地区的特色建筑）。其中一栋是你家的，你把门口的水泥地换上了光滑的瓷砖。有行人路过摔倒了，法官很可能要判你赔偿。为什么？因为由你负责维护门口路况的成本比由每个经过的行人都要小心翼翼的成本低得多。这是近半个世纪以来法律受经济学影响的结果，代表人物是著名法官波斯纳。而思想的源头，要回到刚去世不久的科斯教授那里。

科斯定律的一般表述，是在交易费用为零的情况下，市场会自动达到帕累托最优状态。牧民养的牛吃了农户家的麦苗，如果判定牛有权吃麦苗，而农户损失的麦苗所值大于牧民养牛收入的增加，农户会给牧民钱要求牛不吃麦苗。如果判定农户有权保护自己的麦苗不给牛吃，而牧民养牛的收入增加大于麦苗的损失，牧民会给农户钱购买牛吃麦苗的权利。

交易费用为零，资源使用效率和初始状态无关。但在现实中交易费用不可能为零，那么权利的安排如何才有效率呢？这是从科斯定律引申出来的重要问题。而法律经济学是把科斯定律融入现实中，以崭新的视角重新看待权利。如果养牛和种植所在的土地产权难以分清，并且牛吃麦苗给牧民带来收入的增加大过农户麦苗收入所得，那么法官判定牛有权吃麦苗就符合效率和正义。

在现实中，所谓的“权利”并不是先验、不容置疑的。随着技术的进步，咖啡店等公共场所要限定其 Wi-Fi 信号只能供应给来本店消费的顾客使用的难度是越来越大了。防止 Wi-Fi 被共享的成本越来越大，从另一个角度来看，就是不值得保护了。

我们应该向印第安人学什么？

上海作家张远山曾经讲过这样一个故事：一个美国商人在印第安部落收购草席，开始的时候收购价是每张 30 美元。100 张卖完之后，商人又订了 1000 张，出价每张 25 美元。而酋长不同意，每张要价 50 美元。商人说这违反商业规律，酋长却说，大家现在要花费更多的时间去编草席，必须非常痛苦地每天干一样的活，因此收费要提高。

这是一个相当有趣的故事，商人认为买得越多，单价应该越低，酋长则相反。商人与酋长的分歧，在于各自不同的视角。美国商人是基于自己的经验常识也就是他所说的“商业规律”出价的，这个传统经验就是“买得越多越便宜”。从整个社会来看，一种产品的生产数量增加，平均每件产品的生产费用可以降低。其中的逻辑推理也不难理解，因为生产所需的机器设备、工厂所占用的土地、支付给非计件工人的固定工资、其他一些固定项目开支，这些费用无论产量多少都是一样的，经济学家称为固定成本。产量越大，固定成本摊到每单位产出的成本就越低，总成本会有所降低。这正是商人要求降价的原因。

而以酋长为代表的印第安人，他们是从另外一个角度考虑的。

他们编草席是为了换取基本的生活资料，而他们悠闲地聊天说笑的时间，可以看作一项收益。这是需求定律起的作用，悠闲的时间越少，人们为之愿意支付的代价就越高。如同越口渴的人，愿意为一瓶矿泉水支付的钱就越多。因此，美国商人希望购买更多的草席，印第安人无疑会付出更多的劳作时间，他们就更愿意为悠闲的生活支付更高的费用了（放弃了的收入是“悠闲”的费用），也就是说，他们更愿意休息。一个极端的例子是有人让你从现在开始，一刻不停地劳作，直到生命最后一刻，恐怕给多少钱你也不会干。因为你知道，金钱如果不能用来换取衣食住行和物质精神上的享受，它是没有任何价值的。

可以说，美国商人和印第安人酋长都没错，都是经济规律起的作用。至于商人最后是否会接受酋长的开价，这个问题的关键之处，要看商人能把草席卖出多少钱，以及是否可以找到开价更低的卖草席者。如果印第安人草席的价格不肯降低，而商人觉得此价买入没有利润甚至亏本，他是会“挥一挥衣袖，悄悄离去，不带走一张草席”的。

现实中，我们大多数人都容易心领神会美国商人关于批量价格的商业经验。但很多时候，我们不一定具有印第安人的传统智慧。我们常可从媒体上看到一些所谓的成功人士追忆人生，后悔错过了许多东西。或许有人认为那是他们的矫情，但是我相信他们的悔意是真实的：他们或拼搏于商场，摸爬滚打，锱铢必较，从无到有，从小到大，建立起自己的生意；或专注于某技术领域，夜以继日地研究，在各式各样的实验、数据中冥思苦想；或穿梭于官场，察言观色，文山会海，随着年岁增长终于使自己在别人嘴里的称谓从“小 X”改成了“X 老”，而非“老 X”。

几句老话了，“有时间的时候没钱，有钱的时候没时间”；“年轻的时候用健康换金钱，年老的时候用金钱买健康”。这些人并非真正没有时间，而是全身心沉浸于追名逐利之中，到最后才发现，自己是放弃了更多的其他美好的东西：悠闲、健康、读书、思考、音乐、旅行……这些东西，其实是人生更重要的组成部分。所谓少年子弟江湖老，红粉佳人两鬓斑，岁月不等人，我们实在应该向印第安人学习，别在蒙头经营的时候，失去了生活中更多的美好。

消除歧视要从允许“歧视”开始

央视每年的“3·15”晚会都会引发人们对产品质量问题的探讨，而2013年的“3·15”晚会所做的重头戏报道——苹果手机在售后维修条款中存在歧视中国消费者现象。因为微博转发风波以及《人民日报》连篇累牍的评论更成为当时的焦点话题。

我们知道，对待故障手机，苹果公司通用的做法是除了摄像头等极个别零件以外一般不做维修，而是直接整机更换。然而正是这一点被央视等媒体质疑，因为在中国并不更换后盖，而在英美等国是连后盖一起更换的。故此他们认为苹果公司在对待故障手机保修方式上是中外有别，刻意歧视中国消费者。而不更换后盖的原因，就是为了规避整机更换要重新计算保修日期的责任。

媒体的依据是我国2001年颁布并于当年11月15日开始执行的《移动电话机商品修理更换退货责任规定》。该规定第二十一条注明，商品三包有效期自换货之日起重新计算。其实该规定其他条款列明了换货的条件，包括售出前几天内出问题无条件更换，还有不能在一定的时间内修好或者经过多次维修仍然修不好的机器。

我们也可以看出这个规定本身存在的含糊和矛盾之处：直接

更换新机，保修日期要重新计算，但是以维修之名则直接延续原来的保修期即可。手机业界的通常做法是，对出现问题的零部件进行维修，而不是整机更换。苹果公司的做法并没有低于业内标准，也高于该规定要求的对多次维修不好或者在要求期限内修不好的机器需要更换的标准。

事实上，苹果公司对中国用户的手机保修标准，也没有低于外国。例如在美国，苹果公司的保修细则列明，无论是更换零件还是整机更换，都会延续原来的保修时间，最低给予 90 天的新保修期限。有些媒体说苹果公司在英美等地更换新机后重新计算保修期，这显然是谣言。

至于苹果公司对故障手机不维修而是直接更换的原因，我估计这有着预防质量事故纠纷以及产权保护上的考虑，故此不希望通过特约维修商家来维修，而是宁愿选择通过直营店直接更换手机。

苹果在中国不更换后盖，就是为了应对有关条例规定中的不合理条款。以此类推，我们表面看到的一些所谓“歧视”的现象，背后有着各种原因。商家因为地域、消费群体而采取不同的保修条款的例子数不胜数。

例如家用电器厂家会针对商业或家用有不同的保修条款，我们生活中就有这样的例子，有市民买了某牌子的电冰箱，放在饭店使用。有一天冰箱不制冷，经检查发现是冰箱的蒸发器和制冷管坏了，而保修卡里写明主要零件保修十年。该市民申请保修时却被告知该冰箱属于商用，只能提供一年的免费保修。

商家因为不同的用途而规定不同的保修条例，商用性质冰箱使用更频繁，损耗无疑更大，保修期限比家用更短，这完全合情合理。如果我们硬性规定不能这样划分，要一视同仁，这样的结果无疑是降低了家用冰箱的保修年限，因此受损失的是更多的消费者。

还有更明显的“价格歧视”，连锁快餐店不同时段价格不同，还在网站上放优惠券，你打印出来再去购买食品能获得折扣。两个人同一时间购买同一种食品，价格完全不同，这种价格歧视有目共睹，也堂而皇之为大家所接受。

一般而言，经济学里说的歧视，是指仅仅因为是种族、宗教、性别、年龄、长相等的不同，市场提供了不同的机会。然而，在很多情况下，我们无法确定机会的不同是否是这些个人能力之外的特点导致的。两个求职者，成绩一样，但你招了其中的男性，这构成歧视吗？或许你需要招聘的是一位偶尔能干体力活的员工。餐厅拒绝衣冠不整者，尽管他们出得起价钱，这是歧视吗？要知道，他们的出现会降低环境租值。

有人埋怨市场导致了歧视，事实上恰好相反，市场竞争成本低者胜。有人如果以种族、长相等原因歧视消费者，他们往往会在市场中落败。回到问题的本质，我们无法逐项去弄清楚商家采用某种价格或者服务条款的具体原因，但是市场竞争无处不在，如果我们打着禁止歧视之名限制商家采取不同的条款，消费者的处境会更糟糕，而真正的歧视亦无从改善。要消除歧视，就要从允许“歧视”开始。

如何遏制“过度包装”？

近年来，随着电子商务和快递业的发展，过度包装问题日益凸显。政府在呼吁企业和消费者要树立绿色消费观念、自觉抵制过度包装的同时，也在采取切实措施，从政策、法规等角度，做好循环经济、环境保护的工作。

早前广州通过立法规定商品与包装物将分开销售，这无疑正是针对月饼盒豪华包装等在各行业广泛存在的“过度包装”现象。

要下对药，首先要诊对症。大家都知道“过度包装”对企业而言只会增加成本，为什么他们要花那么多钱在大家看来没必要的包装上呢？企业的服务对象是消费者，他们在不断地揣摩消费者对价格、质量、包装等的需求变化。因此，真正的问题是该问一句：为什么消费者选择的是那些“过度包装”的商品？

一部分所谓的“过度包装”其实和商品的特殊要求有关，比如很多商品（特别是食品）有保质期，而包装无疑是影响保质期的重要因素。比如茶叶，有些大包装里还分开小包，是因为开封后利于存储。

我们关注的是那些表面看来没必要的“过度包装”。银行喜欢“过度装修”（比如建造很宏伟的办公楼、在外墙上选用豪华的装修材料），它实际上是想通过豪华的大楼提供一个这样的信息：我们实力雄厚，是值得信任的。企业无疑也是想给消费者透露类似的信息：我们的产品是信得过的。在一个伪劣商品较多的社会，这样的信息非常有效。故此，维护市场秩序，打击伪劣商品，有助于人们加强对优秀商品的信心。

另外一个因素，和经济学里所谓的“外部性”术语有关。包装增加，企业成本增加，与此同时，包装物也造成环境污染，社会成本也增加，而企业并没有承担“过度包装”成本的全部。既然我们遏制过度包装的根本目的是为了保护环境，那么把包装导致的环境污染成本交给购买这些商品的企业和消费者负责，无疑是最有效也是最公平的。这实际上就是一个外部性内部化的过程。如何建立一个能由市场去调整污染权利分配的机制，是最为考验管理者智慧的。

此外，曾有人说过，“过度包装”的规模化效应是由公款消费支撑起来的。这话不无道理，因为关于公款吃喝和公款送礼的法律界定还比较模糊，缺乏制度监督，这无疑促进了炫耀性包装市场的繁荣。

故此，所谓“过度包装”现象的背后，是和不少因素相关的。从成本角度看，是“过度包装”带来的好处，足以抵消由此增加的费用。要解决这些问题，在维持好市场秩序的同时，减少权力的寻租空间，遏制公款消费也是非常必要的。

古玩市场里的“捡漏”经济学

数年前的一天，和朋友逛某古玩城。一位店主郑重其事地拿出两个盒子，依次打开套着的两个内盒后，小心翼翼地展开，是用玉雕琢成的佛经，共 18 册，开价数千元一本。佛经的文字我不认得，也没有辨别真假的本领。但如果是真的，正如一旁的朋友所言，可是国宝。盒子放一边，也是雕工精细。奇怪的是，盒子上写着屈原的《离骚》。我一眼扫到“长太息以掩涕兮，哀民生之多艰！”这句时，便哑然失笑。“长”字竟然是简体！细看后面还有几个字也是简体。

朋友说，这并不代表佛经是假的，有简体字的《离骚》有可能是原来盒子上字迹已模糊难辨，后人抹去旧文再刻上的。然而，他并没有买下来，这也证明他心里其实是没底吧。否则数万元购买一件国宝级藏品，是不折不扣的“捡漏”了。

我一直觉得“捡漏”这个词很有意思。所谓捡，形容价格低廉如同拾得，而漏则是别人的。这么一组合，能让人两眼放光，仿佛一笔横财唾手可得。收藏界也不断有“捡漏”的故事传播，例如买蜂蜜意外得元青花、十元淘来的古玉、地摊偶遇青铜剑……

我们都知道，市场之下，物各有价。当然同一件物品卖不同的价格是存在的。地区不同，或者同一地区批发市场、超市、零售商场价格也有不同。你要买一件商品，花费的时间和精力越多，得到的价格信息会越完备，你就能以更低的价格买到。然而，因为搜寻本身是需要费用的，搜寻成本太高，会得不偿失。你要买一卷胶布，楼下小卖部要 2 元，你虽然知道 3 千米开外五金店 1 元可以买到，但你不会专门去一趟。但如果你要买一台大屏幕液晶电视，你会花费几个周末，跑完各大电器城，权衡对比才能选定。

古玩市场里的信息费用是很高的，信息费用高的原因是买家和卖家存在的信息不对称。一般而言，卖家对自己销售的商品会掌握更多的信息，因为他知道货物的来源，并且因为他是卖家，会收集更多关于自己所卖物品的信息，故此会比一般买家掌握更多的信息。当然，如果买家本来就是内行，拥有较高的鉴别能力，那另当别论。而“捡漏”的依据刚好相反，大多数盼望着“捡漏”的，都是不具备专业知识的人。他们希望自己能偶遇稀世珍宝，而对方又懵懂不知。这个概率其实远低于一大沓人民币于街头无人理睬。

当然不是说绝对没漏可捡，然而我们听来更多的是欲“捡漏”反而上当的故事。售假者都是信息理论的专家，他们会想方设法编造故事，或者带着买家兜兜转转，造成一种增加搜寻成本的印象。也就是说，这件物品是藏在深闺少人见到。如果你在人流旺的道路边见到一棵果实累累的李子树，那多半是不好吃的。

但是，如果你翻山越岭在人迹罕至之处碰到这样一棵树，你很可能会一试。收藏市场其实也是知道这个道理的。有人在闹市摆卖瓷器说是元青花，要价 3 万元，没人会相信。但如果你在穷乡僻壤之处，于一破落门第里看到一个落满灰尘的花瓶，恐怕你会油然而生这回要“捡漏”了的感觉。

因此，我们常常见到的，现实中不少人因“捡漏”心理而上当的案例，大多有类似上述的场景。他们不会名正言顺告诉你这是元青花，卖 3 万元。他们都装作自己是傻子，要让买家相信对面的人不知世事、愚不可及。

最后想起一则笑话，以此警醒那些总想着“捡漏”的朋友：

一个老头卖猫，有人认得旁边装猫粮的盆子是宝物，意图“捡漏”，于是高价买猫后装作不在乎的样子索要猫盆。老头笑着说不送盆，我正是靠它才能一天卖了十多只猫。

秦坚卖衫的绝招

郑燕开了一家国内某知名品牌服装专卖店，然而起初生意非常清淡。想尽一切办法甚至打出七折销售的广告也无济于事。

郑燕与秦坚密谋。秦坚到店里和周围转悠了几圈，然后回到店里，把一些衣服上几个纽扣的一些线剪掉，并故意显露出来，然后叫郑燕在门口挂了这样一个告示：

特价信息！本店从即日起，将特供部分纽扣线头稍有瑕疵的衣服，按原价七折销售。

非常奇怪，从那以后，人竟然慢慢多了起来。月末一结算，郑燕喜上眉梢，亦百思不得其解，问道于秦坚。秦坚嘿然一笑道："不可说，不可说，天机不可泄！"

当然，秦坚为了自己的耳朵着想，是不可能不说的。因为郑燕是他的老婆。

事实上，他们开的这个店，原来生意的清淡，是和周围消费群体有关的。这地段位置一般，并非繁华的商业区，周围都是卖普通品牌的商店，因此高端客户不多。而那些收入不那么高的客户，打折对他们虽然有诱惑力，但看到是新开的店，以及猜测好端端的衣服为何要打折，难免狐疑百般，猜测是否为假货。秦坚揣摩顾客的心理，巧妙地搞了一点无伤大雅的破坏，然后以此为打折依据。人慢慢多了起来，有些嫌麻烦以及爱面子的，会买好的不打折的衣服，而不少收入不那么高的人会买七折的“稍有瑕疵”的衣服，然后自己用针线，或花费两块钱找人稍做缝补。这样的结果，是把两个层次的人都吸引过来了。

奇怪的是，秦坚没读过经济学方面的书，之前还就劳动价值论的问题和我面红耳赤地吵了一次。然而，就他帮老婆卖衣服的办法，却恰恰是对劳动价值论的最好反驳。显然，他们折价卖掉的那些衣服，付出的劳动成本是更高的，因为需要另外花费时间去“加工”，故意挑断一些线头。

事实上，市场里类似的行为遍地都是。比如 HP（惠普）的打印机，型号不同的两款产品，有些支持功能更多，用起来也更方便，当然价格会高一些。然而，售价较低的并不一定是因为制造成本更低，可能恰恰相反。实际上，包括 HP、IBM、EPSON（爱普生）等制造商，都曾经在其产品中加入芯片，让其速度慢一些，使用不那么方便，变成一款售价较低的产品。

更普遍的例子在软件上。例如软件巨头微软公司的各版本操作系统和办公软件，分专业版、企业版、精装版、家庭版，让人目不暇接。就目前使用最多的 Windows10 系统而言，除了比较昂贵的专业版以外，微软公司更是花费精力，去掉里面的一些功能，对网络做了一些限制，包括不允许加入域等，推出了一个家庭版，售价低很多。

市场是精明的，大到跨国公司，小到秦坚郑燕两口子的服装店，不约而同地采取相同的销售策略。在经济学中，这叫价格歧视。一瓶矿泉水，张三口渴了，愿意支付5元，李四愿意出3元。卖水的想赚得最多，最好的办法是将这瓶水5元卖给张三，3元卖给李四。但是，这种定价策略的困难之处在于，李四会3元买水，然后4元转卖给张三。

市场上有不少对策，例如可以进行身份鉴定，电影票、火车票对学生半价就是一个例子，消费的时候要检查证件。还可以按照不同层次客户的消费习惯来区别，例如航空公司周末的票价会很低，就是把商务客户和普通客户区别开，“歧视”收费。还有另外一种办法，就是在产品上琢磨。可以把卖给张三的水用漂亮的瓶子装，名曰“精装”，售价5元。卖给李四的水用不太好看的瓶子装，售价3元。

秦坚虽然脑袋里装了不少上中学时所学的劳动价值论等观点，然而他手起刀落，实践的却是用价格歧视实现收入最大化的本事。这并不矛盾，因为市场并不看你说了什么，而是看你做了什么。设想一下，秦坚郑燕两口子坚信劳动价值论、成本决定价格等观点，他们就应该花费重金，请裁缝师傅夜以继日、花费一年半载的时间去制作一条裤子，然后在门口挂一个牌子，上书裤子的制作工艺和耗费时间，等着有人用100万元买下来。

囤积何以居奇？

“囤积居奇”四个字屡见于报端，每每有物价升势不减之时，人们都用它来批评那些为富不仁的商家，认为正是由于他们把商品囤积起来，秘而不售，等待物价上涨之后才拿出来，是以能“居奇”，赚取更多的利润。

最近几年，无论是以猪肉、玉米为代表的最关涉民生的农产品价格，还是钢铁、水泥、石油等这些工业产品价格，都不断地攀高。物价上涨问题关系到国家大局，关系到老百姓的切身利益，因此政府部门积极应对，提出了具体的措施，其中就包括依法严厉查处那些捏造散布涨价信息、串通涨价、囤积居奇、哄抬价格的行为，维护正常的市场价格秩序等。

做到囤积居奇并非一件容易的事。这个成语起源于吕不韦扶植秦昭王的孙子异人的故事。秦赵两国经常交兵，子楚因渑池之会留在赵国做人质，加上本是庶出，异人在赵国的处境可想而知。吕不韦于是认为“此奇货可居”也，日后会有巨大回报。最后的结果人尽皆知，子楚成了庄襄王，死后其子政成了秦王，尊吕不韦为相国。与其说吕不韦是囤积居奇，不如说他是在进行风险投资，收益巨大的同时，风险也是巨大的。

如今商家面对的是市场瞬息万变的形势，囤积商品的风险也是巨大的。如果囤积起来，日后价格果然暴涨，那是他们的眼光独到，是他们的租值所得。这里可举一例，1999 年台湾大地震，由于台湾是重要的半导体生产基地，内存价格疯涨数倍，一些有存货的商家获益甚丰。到了 2006 年，台湾再次发生地震，海底光缆被破坏，一切仿佛又回到了几年之前，有的商家认为机会来了，大量购进，认为情境会重现，谁知内存价格几天内稍有微幅波动之后，急剧下跌，那些自作聪明的商家欲哭无泪。俗语云“能知半夜事，富贵千万年”，更遑论是几个月甚至几年之后的商品价格。之前媒体报道，武汉一位女子，炒期货从四万元变成一千万元，演绎期市神话之余，转眼就又由一千万元变成几万元，一切又回到了从前。而期货反映的正是未来商品价格的预期，这恰恰说明，人们对未来商品的价格是很难把握的。许多企业为了减少资金占用，都尽量争取降低库存，以“零库存”为目标。由此可见，囤积而能居奇，需要的是非常好的运气。

前几年不时出现的油荒事件，也被一些民众和市场管理者批评为囤积居奇，其实是有所不同的。欲囤积居奇者，是因为不满意目前的市场价格，故存储起来，认为日后会涨价，例如吕不韦的故事是一种投资行为。而如今商家惜售汽油柴油，是因为本来如今的市场价格已经升高，但是由于价格管制，不允许按照国际市场的价格去销售，故此加油站宁愿不购进，石油公司宁愿不生产或者是只愿意出口而不愿意在国内销售。

向王子猷学习机会成本

2008 年股灾，深沪股市指数较上一年高值时已跌去近 2/3，股民的心情也跟随指数每创新低。无数人产生了一种“风萧萧兮易水寒，股指一去不复还”的悲凉。

Ada 无疑是其中一位，她全仓买入的某金属股，现值不足买入价的两成。她说，每天胆战心惊地看着股指不断下滑，4000 多点的时候曾经想过抛，但转念一想，已经坚持了这么久，亏了两三成，现在抛了岂非可惜？这种想法一直如影随形，跟随中国股市突破 4000 点、3000 点，直到接近 2000 点。

看看如 Ada 一般想法泥足深陷于股市的人，其实就知道人们对何谓机会成本还存在很大的误解。

有一则王子猷的趣闻，或许能给我们以启示。王子猷是王羲之第五个儿子，为人处世喜率性而为，甚是有趣。《世说新语》里有如下文字：王子猷居山阴。夜大雪，眠觉，开室，命酌酒，四望皎然。因起彷徨，咏左思《招隐诗》。忽忆戴安道，时戴在剡，即便夜乘小船就之。经宿方至，造门不前而返。人问其故，王曰：“吾本乘兴而行，兴尽而返，何必见戴？”

许多人对王子猷雪夜访友的故事印象深刻，恐怕仅是感叹其与众不同的傻里傻气：雪夜跋涉，舟车劳顿，付出了这么大的成本，来到门前，本来是推门就可以见到朋友的，却不入而返。

或说此等行为体现了东晋名士的风采，这里暂时不讨论这点。实际上，王子猷恐怕要比很多人聪明得多。雪夜兴起，意欲访友，要达到这个目标，所付出的成本是一夜的舟旅。而经过一夜旅行，到达门前，表面看来，要拜访到朋友的成本是大大降低了，只需趋前轻叩柴扉即可。这种想法其实是忽视了现实状况的变化：一夜未眠，兴头已过，疲态尽显。这时候造访，恐怕难有谈兴。总不会进门就对朋友说“抱歉，我困了，借宿一下”吧？

那些认为王子猷付出了一夜舟旅代价怎么说也要顺便拜访一下朋友的人，远不如王子猷来得率性和洒脱自在，而是从头到尾任务式地死守一个目标：我就是要见到戴安道！这不正如 Ada 一样，念念不忘“这股我是 40 元买的岂能在这么低位的时候抛掉”或“我上次 20 元没抛现在 10 元抛了太亏了”吗？他们都是误解了“机会成本”四个字。所谓机会成本，没有机会，就不存在成本。40 元买的股票，如今跌到 10 元，你卖掉它的成本是和股票未来价格有关，和原来的价格无关。也就是说，如果预计未来这股还会继续跌到 5 元，那么现在卖掉它的成本是 5 元，而非 40 元。当然，如果你坚信股市很快会涨，那另当别论，因为此刻抛掉股票，成本大于收入，是不合算的。

不仅是股市，现实中还有不少例子，折射出人们对机会成本普遍的误解。TVB 剧集《尖子攻略》里，欧阳震华饰演球队总监，他毛遂自荐教学生经济学，率领学生走上街头，通过真实世界的事让他们明白什么是机会成本。等了 20 分钟公交车还没来，而目的地不远，他于是带同学走路回去。有学生问，等了这么久才放弃，岂非可惜？另一个学生说出了答案：过去了的不是成本，现在离开的成本和等待了多久没任何关系。公交车这么久不来，可能是出了问题，再等下去不划算。

这个场景令我感触万分，因为自己有同样的体验，是“误解机会成本”的受害者之一。有一晚按往常经验时间在候车亭等最后一趟公交，过了十分钟没车来，便开导自己，或许是车去加油了，再等等。继续等了十多分钟，车还没来，本想拦出租车回去，仍然自我开导：等了这么久就走，似乎浪费了一点。于是乎，那个晚上，我就一个人在那里傻乎乎等了差不多一个小时，最后才猛然醒悟我该打车回去了！后来上网查询到那条线路的最后一班车取消了。

从“田忌赛马”看信息不对称

多年前，六岁的侄子邦帮缠着我玩“锄大地”的纸牌游戏。一副牌去了大小王，分成四份，每人抽一份玩，打完之后再玩剩下的。分好牌，我发现自己牌里夹了一个王没有拿开，问邦帮怎么办。邦帮看了一下自己的牌，然后去剩下的一份中抽出一张红桃2给我。我对此非常纳闷：锄大地的规则就是以大2为最大，“2、A、K、Q、J、10……”这样的大小顺序的，他为何会给我一张好牌呢？我本来的牌已经不错，加了一张2，不费吹灰之力就赢了这小子。然后，我们取剩余的牌，继续下一把。当他把刚才抽了一张红桃2的那份牌推给我说这是你的，我顿时明白了怎么回事。

原来这小子看前一副牌太差，知道凶多吉少，刚好我缺了一张牌，他就从剩下的一份牌中抽了一个最大的给我。反正第一把他知道输定了，而这样干，他下一把赢的概率就增加了。当时的我实在吃惊，那时的侄子绝没有读过田忌赛马的故事，而他的做法，可是和孙膑的谋略如出一辙啊。

田忌赛马是一则人尽皆知的典故，人们常常引用这则典故来反映以弱胜强的智慧和谋略。在乘机讲这个典故给侄子听的时候，我自己却起疑了。

为了避免翻译后的文字误会，这里引用《史记》关于田忌赛马的记载如下：忌数与齐诸公子驰逐重射。孙子见其马足不甚相远，马有上、中、下辈。于是孙子谓田忌曰："君弟重射，臣能令君胜。"田忌信然之，与王及诸公子逐射千金。及临质，孙子曰："今以君之下驷与彼上驷，取君上驷与彼中驷，取君中驷与彼下驷。"既驰三辈毕，而田忌一不胜而再胜，卒得王千金。

我起疑的是"马有上、中、下辈"这句话的真正意义。它所阐述的，究竟是比赛规则，还是马的本身客观特点？就是说，这句话的意思是"划分为上中下三个等级进行赛马"还是"孙膑能看出马的上中下等级"？

如果是第一种，也就是，双方按照马的上中下三个等级分别比赛，这种比赛需要一个区分马匹等级的中间评定机构，否则只能建立在双方诚信的基础上了。我看过一些给小孩的读物谈到这个比赛，说的是"双方各自在自己的马匹上做出上中下等级的标记来进行比赛"。如果这种解读是正确的，那么在这个按照比赛次数定输赢的博弈里，马的上中下等级就是一个非常重要的信息了。那孙膑其实是教田忌作弊，用自己的下等马冒充上等马进行比赛，在双方马匹脚力差别不大的情况下，增加了胜算的概率。

一个比赛如果要靠诚实来维持，这种比赛的稳定性是值得怀疑的，因为作弊的成本太低。故此田忌赛马中"马有上、中、下辈"的更可信解读，应该是比赛本没有规定按照怎样的次序进行，而是孙膑能够看出来对方哪一匹跑得最快，哪一匹跑得最慢。然后看对方每场比赛出来的是哪个级别，用下对上、上对中、中对下的策略输一赢二，赢得了整场比赛。

和田忌比赛的那一班贵介公子，相马的本领相比熟悉兵法战术也久经沙场的孙膑，当然不可同日而语。由于这种信息不对称，比赛的性质其实已经发生了变化。田忌赛马的真正内容，其实是孙膑相马。

要想使比赛的结果最公平地反映马匹本身的奔跑速度，这个比赛的规则需要修改，要减少信息不对称。比如，可以一场定输赢，双方都会老实地拿出自己最好的马进行比赛。如果要比赛看谁拥有良驹多，也可以选一块大的场地，让多匹马一起竞逐，看前三名马匹谁占有的多，则谁为赢家。

市场交易也是一样，经济学家认为，信息不对称导致市场交易双方的利益失衡，影响公平和公正，有损效率。因为信息本身也是一种租金，拥有信息较多的一方获胜的概率增大。剑桥大学教授詹姆士·莫里斯就是因为关于信息不对称的研究贡献获得1996 年诺贝尔经济学奖的。他在重要论文《最优所得税理论探讨》中，探讨的就是政府在面临信息不完全（按照税收与收入关联的原则，富人会隐瞒自己的收入）的情况下，如何设计一个能诱使人们说实话的最优税收机制。

人们津津乐道“田忌赛马”的典故，然而，从我六岁的侄子可以天生掌握就可以看出，这种谋略本身其实并不反映出什么高深的知识和智力。一个社会如果盛行这样的谋略，这个社会肯定是低效率与不成熟的。因为这种社会制度会导致人们的大量精力耗费在田忌赛马这般的所谓“谋略”上去。

这个女孩该不该上大学？

成都的女孩玲玲考上了本科，但是却非常苦恼。因为她的父亲不支持她上大学，认为花几万元去读大学是一件蠢事，毕业出来不一定能找到工作，即便找到了，月薪只有两三千元，现在去工作也有这个收入。因此他认为不应该浪费钱财和时间去读几年本科。

这则新闻曾引发了媒体广泛讨论，更多的人对这位父亲所言有所感触。现在普通大学的毕业生找工作不易，起薪点不高。而一些文科生更缺乏一技之长，只能找一些普通文员工作，收入不如工厂工人者比比皆是。

有人认为这是读书无用论卷土重来。读书无用论之说其实从20世纪90年代末期大学扩招之后时不时被提及。上大学一年比一年容易了，录取分数线也一降再降。大学生的数量比以前大为增加，并且大学产业化，读大学的费用也慢慢转由个人承担了。

而在这个过程中工业化进一步推进，消化了大量农业人口。现在劳动力越来越值钱，一个中学毕业生经过简单培训就能成为一名产业工人。相比较之下，成绩和家境都一般的人可能就会选择早点工作。

而上一波读书无用论是 20 世纪 80 年代。那时经济改革开始不久，被压抑了许久的市场开始复苏，私营经济快速发展，最先进入市场的一批人尝到了甜头。而那时大学毕业生还靠国家分配，一般是国企、医院、学校或者政府事业单位，这些地方收入微薄，即便公务员也开始下海。学子十年寒窗之后，发现收入还远不如做小买卖的人，心理落差可想而知，“造原子弹的不如卖茶叶蛋的，拿手术刀的不如拿杀猪刀的”是当时的写照。

读书无用论的出现，的确有客观背景，本质原因是大学教育体制的问题。比如 20 世纪 80 年代的大学，还停留在意识形态教育，对合约、市场等知识一无所知，根本不具备为迅速发展的市场提供技术和知识支持的条件。倒是那些因为生计而不得不在市场打拼的人，他们在实践中摸索掌握了直接的经验和知识。

现在的情况有点相似，虽然大学体制与之前相比有所进步，意识形态进一步淡化，但是国家管控大学教育的现状还没得到根本性的改变。大学生既没有学到多少实际的技术，也缺乏深层次组织和思考能力。反倒是那些技校毕业生因为受到直接技术培训，更受市场欢迎。

这个情况也为科斯教授所关注，他认为：“如今的中国经济面临着一个重要问题，即缺乏思想市场，这是中国经济诸多弊端和险象丛生的根源。”思想市场的兴起关键在大学，如今国内大学教育是时候对外开放和引入竞争了。

回到这位成都女孩的实际问题上。如果她成绩太差，勉强去上个大专混个文凭，的确是得不偿失，但她考上的是不差的正规大学本科。虽然有中途辍学的可能，甚至没读过大学的人收入水平也不错，但我们同时要看到，在平均水平上，教育程度还是和收入成正比。

她现在就出来工作，月收入两三千元，看似和大学毕业后的收入差不多，但我们要看长期的收入。读书不多的工人，可以做流水线的简单操作，知识积累不多。而读完大学，自学能力会增强，起点不一样。即便毕业出来也是两三千元的收入，但随着经验增加，收入增幅一般会比没读大学的要高。更何况，大学的气氛毕竟非中学可比，增长见闻、结识良师益友等可都是“收入”。

如果这个女孩经商头脑不错，或者有某些出类拔萃的天赋，能够发现商机，时不我待，不读大学早点进入社会也未尝不可，我们津津乐道的微软比尔·盖茨和谷歌佩奇就是例子。但是正因为她水平属于中上，复读后才考上本科，在这种情况下，周围环境会对她有较大的影响。我认为她应该去上那所水平还可以的大学，她父亲的执着是浅见了。

友邦惊钱论

哈佛大学教授桑德尔教授这两年很红，他讲授的公正学课程在网络得到广泛传播而为中国人所熟悉，而他对市场的质疑和对金钱的反思更曾成为媒体焦点。

他说在中国香港坐地铁多花点钱可以坐头等车厢，那里宽敞很多，连播放广告的声音都更柔和。在机场排队等待安检，只要掏钱就能直接进入快速通道。在美国，有游乐园门口也赫然贴着“只需 149 美元，就可以直接插队排前面，马上享受每个项目的乐趣！”的告示。

而当他来了一趟中国内地后，发现情况有过之而无不及：大医院挤满了人，门诊号也成了商品；春运买火车票，有钱人可以加价立刻买到高出票面价格几倍的黄牛票，穷人则要冒着寒风熬夜排队……

我可以想象得出桑德尔教授惊诧的面孔，西晋的鲁褒写过《钱神论》讽刺当时人们的“拜金主义”：“失之则贫弱，得之则富昌。无翼而飞，无足而走。解严毅之颜，开难发之口。钱多者处前，钱少者居后。处前者为君长，在后者为臣仆。”如今桑德尔教授的感慨，显然是庶几近之：“在我们的时代，金钱获得全面胜利。几乎一切都可以贴上价签随意出售。”

我难免会设想，认为大家都应该去排队才更加公平的桑德尔教授，如果因病要看医生，比如牙疼得厉害，但医院人满为患，怎么办呢？如果排队是最公平的，先来先看，后来的当然要老老实实去排队等候。那么多人在排队，今天能否轮到你是未知数。跟医生说自己疼得厉害要先看吗？其他人的表情很可能会比你更加痛苦。医生是否要对每一个人进行检查按照他认为的紧急程度来诊治呢？

事实上，你牙疼得要命的信息也许只能通过你愿意支付的价格来表达，因为你愿意多支付钱获得优先诊治的机会。类似的，一个就要生小孩的孕妇，家属愿意多支付点钱尽快到达医院。一个穷人，在对一块面包的出价会赢过城中的富豪。一个带着小孩远程去游览游乐园的人，更愿意多出点钱免除排队之苦。这些是人性，除了价格，想不到更为合理和有效的制度安排。

穷人会因此受损吗？未必。你去游乐园玩，有钱人（或不一定是有钱人，比如长途客人）愿意多支付钱获得优先权。而在竞争之下，这些多支付的钱其实是补贴给那些排队的人的。

资源分配有很多种模式，人类基本都试验过，按照体力计谋，谁抢到就算谁的，这是动物竞争模式，人人自危，财富无法积累。此路不通，这也是强盗行为在世界上哪个国家都会受法律制约和道德谴责的原因。按照等级来分配，有了规则，降低了不确定性，但没有激励作用，效率低下，几十年前我们有过试验，结果大家都知道。

“过去 30 年里最致命的改变并不仅仅是贪婪的蔓延，而是市场以及市场价值的扩张，市场思维侵入了许多它们本不该存在的领域。”桑德尔如是说。认为大家都应该消费得起才是公平，桑德尔教授的愿景应该是政府价格管制之下的排队了。然而，不同情况下的排队必须分清，有政府价格管制之下的排队，也有交易费用影响下的商家策略选择。价格即便没受到行政管制，也不代表商家可以随意制定，他必须按照市场规律来做，否则会被淘汰。在某些情况下，门店的排队情况会是一个广告，也对职员的工作效率有监管作用。

分别在英、美两国求学、执教和生活过的桑德尔教授，本来正是受益于这两个老牌资本主义国家良好的市场和法律制度，但他却质疑这种社会基于市场秩序的基础，认为有违公正。真如他理想那般，通过排队来分配资源，恐怕多数人虽然是买得起但却买不了。他是只管分配而不谈生产了，倘若无利可图，还有哪个商家愿意生产呢？谁来免费为这个世界提供多种多样的商品呢？

“用工荒”暗含两重逻辑

近年来，每当春节刚过，有关“用工荒”的新闻不时见诸报端，而现实中也很容易得到验证：在江门，顺着江沙工业走廊走走，又或者到江海区工业园转转，随处可见企业摆放在工厂门口的招工信息。年初八九刚开工，已有企业迫不及待地在汽车总站“守株待工”。

珠三角、长三角等地区重现用工荒，究其原因，不少媒体评论认为是工资太低，工人不愿意过来。这是一个不可能错的解释，但过于空泛，实际上是没有说服力的。还有人认为，是因为农民更愿意待在家里，一家团聚比长途跋涉外出打工好得多。这种说法更是缺乏说服力，家庭温暖以前也同样需要，用偏好的变化来解释世界，无关宏旨，可以搁置毋议了。

近年来出现的用工荒，其实可做两重逻辑上的解释。

首先，由于中国目前仍然是出口主导的工业形态，所以必然受到周期性用工模式的影响。一年之中春节前后的两三个月，是订单较多的时期，而年中往往是淡季。加上适逢春节，人们要提早回家过年，不少人要等过完元宵节再出来。这半个月到一个月左右的假期，更加剧了企业用工的不足。实际上，经济危机前的几年，春节前后也有过类似的缺工现象，只不过经历了两年的萧条，出口大幅度下滑，此后的回暖让人们印象更为深刻。这是基于常态的一种用工荒逻辑。

其次，用工荒的第二重逻辑，要从变化的角度来观察。2008年末，国务院出台4万亿元刺激经济计划，把大量资金投入基础设施建设中，其中投入农村水、电、路、气、房等民生工程和基础设施3700亿元，铁路、公路、机场、水利等重大基础设施建设和城市电网改造15000亿元。大量资金的投入使内地交通状况和环境大为改善，投资办厂的成本下降，而珠三角、长三角地区的地理位置优势当然就减小了。

另外，这两三年农业政策的改变也是一个不可忽略的因素。特别是2009年，政府加大了农业投入和补贴。比如，增加对种粮农民直接补贴，对农民购买农用机具也进行购置补贴，还有一系列的家电下乡计划。政府对农业的补贴，实际等于增加了工业的成本，进入工业的劳动力也会减少。农业种植有农忙和农闲的季节之分，忙时种植，闲时就近打零工，这种模式对普通技术人员更有吸引力。而媒体资料也印证了这一点，用工荒地区最缺的就是专业技术要求不高的普通工人。

可以预料，随着春节返乡人员的回流，珠三角等地区用工荒的现象会得到一定程度的缓解，但这种产业格局的趋势不会改变。更多的劳动密集型的企业会搬迁到内地，甚至是越南、印度等劳动力成本更低的国家或地区。接单加工模式已经开展了20多年的珠三角，面临的将是产业升级的挑战和机遇。

公共账户里的游戏秘密

之前和几位朋友一起吃饭，有一道小鸡炖蘑菇的东北菜。蘑菇用的是干茶树菇，“不用钱的，是用医保卡从药店买的。”主厨的朋友笑着说，“你看，医保卡还是有好处啊。”

有类似这种想法的人，其实还大有人在。你看看，医保卡里的钱可以看病，可以变相买东西，出什么问题还有保险，不是一件令人愉快的事吗？

我想起 BBC（英国广播公司）出品的一部电视剧《飞天大盗》，有这样一个情节：

酒吧老板 Eddie（埃迪）经常被几个骗子主角捉弄。其中有一次，主角 Michael（迈克尔）说要和他玩一个游戏，两人各拿出 50 欧元，放在一起，然后竞拍这 100 欧元，价高者得。Eddie 想这回不会上当了吧，因此当 Michael 首先出价 50 欧元的时候，Eddie 毫不犹豫地加到 60 欧元，Michael 说你赢了，卖给你。然后把 100 欧元推给了 Eddie，拿走了 Eddie 的 60 欧元。

Eddie 待了一会，才明白自己又被骗了。是的，台上放着的是 100 欧元，竞投的时候，会有一种错觉，我只要出价低于 100 欧元，就赚了。然而，他忘记了 100 欧元中，有 50 欧元是自己的。

Michael 拿出 50 欧元，换了 Eddie 的 60 欧元。

那些想着反正医保卡费用还是自己用的人，其实正如同可怜的酒吧小老板一样。但不同的是，Eddie 很快明白自己被骗了，然而无数福利主义的信徒至今仍执迷不悟。

医保卡里的钱，其实只是个人缴纳的，加上单位缴纳的一小部分，而单位缴纳的大部分划入了统筹账户。比如北京市，关于单位缴纳的基本医疗保险费划入个人账户的比例，有如下规定。

（1）不满 35 周岁的职工按本人月缴费工资基数的 0.8% 划入个人账户。

（2）35 周岁以上不满 45 周岁的职工按本人月缴费工资基数的 1% 划入个人账户。

（3）45 周岁以上的职工按本人月缴费工资基数的 2% 划入个人账户。

（4）不满 70 周岁的退休人员按上一年本市职工月平均工资的 4.3% 划入个人账户。

（5）70 周岁以上的退休人员按上一年本市职工月平均工资的 4.8% 划入个人账户。

而单位实际上是按工资基数的 10% 缴纳基本医疗保险费的，如果基数是 2000 元，那么单位缴纳 200 元。如果你在 35~45 岁，那么这部分只有 20 元能够进入你的医保卡，其他的都去了统筹账户。所以，可以得出如下结论：对大部分人来说，单位缴纳的保险费，大部分进了社会统筹账户。有兴趣的人，不妨去查找一下社会医疗保险的报销额度和具体条款，再去和保险公司的相同支付的保险产品对比一下，看看这种“国有保险”的回报，就一目了然了。

而这种以统筹账户、公共账户面目出现的东西其实在不断地增加。比如,《住宅专项维修资金管理办法》就是一个例子。政府强制向买了房子的人收取每平方米60~80元的公共维修基金，楼房出现问题，住户进行投票，多数赞成之后可以向该账户申请资金的领取。

很明显，这种做法是要从医保、社保等全国或者地区的大范围更进一步地把触手伸到社区的每一座楼房了。两个人以上的事情，就成了“公共”，政府就要管了。如果某一天，突然公告要收取“家庭和谐基金”“夫妻爱情保证金”，那么我一点也不会觉得奇怪。

很多人喜欢高谈阔论自由，他们同时也喜欢高谈阔论福利主义，这是何其矛盾的一件事啊！要知道，自由没那么遥远和神秘，你越来越多的钱被收进了所谓的公共账户，你的自由就不断地减少。

“心理账户”能让人更快乐吗？

J找到我的时候，我正在为两件事发愁：一件是在冥思苦想一个办法，如何能够在不挂蚊帐的情况下防止被蚊子叮咬；另一件就是为专栏的题材而发愁。J看我一脸苦瓜相的表情，以及脸上触目惊心的被蚊子肆虐的痕迹，顿时充满了阶级兄弟般的同情心。他说要告诉我两个好消息，一个是他意外赚了点小钱，要请我吃饭，另外一个是我苦觅不得的一本书，他在旧书摊闲逛的时候恰好看到，给我捎来了。

“这回高兴了吧？”他眼巴巴地盼望着这意外的惊喜能有“破涕为笑”的效果。

我斜着眼睛看了一下他，然后跟他说：“你似乎还可以使我更快乐一点。你应该首先跟我说请我吃饭，然后吃饭的时候才把那本书给我。”

J不明白，把两个好消息一起告诉我或分开两次告诉我，有何区别。我告诉他，这不是我胡说八道，这和“心理账户”有关。心理账户是由芝加哥大学心理学家理查德·萨勒（Richard Thaler）首次提出的，Kahneman（丹尼尔·卡尼曼）和Tversky（阿莫斯·特沃斯基）做了进一步的拓展，而普林斯顿大学教授

Kahneman 正是因此成了 2002 年的诺贝尔经济学奖得主之一。

心理账户理论认为，决策的主体，无论是个人、家庭还是公司，都存在着一个或多个明确或者潜在的账户体系，这些账户体系往往会遵循一些有悖于经济学运算规律的潜在心理运算规则，个体常常受到心理暗示影响，做出一些违背基本经济法则的选择或者决策。

比如，同样一笔收入，本来其价值是一样的，但是，人们对它的态度却会视其来源而定。如果是辛辛苦苦的工资所得，那么它会作为收入的一部分，被小心翼翼地存起来。但如果是飞来的横财，人们往往会更大方地使用这笔钱，例如用来购买奢侈品等。

另外，获得同样数量的收入，一次性获得以及分多次获得在价值函数是不一样的，后者的心理满足要大于前者。但如果不是收入，而是损失，一次性的和分开几次的，人们会认为后者处境更为悲惨一点。也正因为如此，有"好消息应该分多次告知，坏消息要一次性告知"之说。

心理账户的存在，更多的是所谓的人的"非理性经济行为"。当然，也有经济学家批评，这种观点的基础是效用理论。而效用是主观的，每个人都不一样，是很难对之进行标准化测度的。张五常教授就曾说过，"经济学中家喻户晓的功用（或效用）是抽象之物，在真实世界不存在，原则上无从观察。我认为可以不用，所以从来不用"。

事实上，在经济学的发展史上，也一直存在相关的争议。"追求效用的最大化"是理性人假设，但是效用是否可以测量以及如何测度却一直存在不少争议。最初,经济学家认为效用可以比较、可以加总，是基数效用。而后来有人对效用是否可以直接计量产生了怀疑，又有序数效用之说。序数效用的困难是，既然无法计量，那么如何证明最大化的假设?针对这点，萨缪尔森教授提出了显示性偏好理论，认为可以通过观察消费者的选择来发现他们的偏好。

对于如今的我来说，如果J先请我吃饭，然后再跟我说给我找到了一本好书，这样分两次把好消息告诉我，我实在难以比较得出，这样是否比一次性告诉我两个消息更为快乐一点。但是，既然经济学家如是说，我当然也如是告诉了J。我的做法在于让J认为，他存在使我更为快乐的机会，而没有做到。对于我来说,实际上是一种损失。因此,他油然而生的愧疚之心,会让他某个时候，继续请我吃饭，或者再不经意地帮我找到一本好书。

广场舞困境该如何应对?

因为跳广场舞而产生矛盾冲突的例子屡见报端，极个别者甚至到了动刀动枪的地步。例如北京市昌平区的一个小区就曾发生过因为每晚都有人跳广场舞且音乐声过大，一名男子怒而鸣枪更放藏獒驱散人群的事件。武汉市亦有小区业主不堪噪声干扰，泼粪泄愤，而跳舞者则讽刺说“嫌吵装个隔音玻璃嘛”。

这种冲突可以说愈演愈烈，评论亦各有偏颇。更多的人同情周围住户，认为他们的日常生活受到了不正当的干扰。当然，也有人认为大妈有跳舞的权利：“老年人丰富一下晚年生活，松松筋骨锻炼，何罪之有？别太苛刻了，每个人都有变老的时候。”

维护权利并非易事。大多数权利，是要依附在财产之上的。从法律角度来看，说这房子是你的，是因为你拥有此房子的产权证。别人不能未经同意而进入你的家里，也不能把你家的墙壁砸一个大洞。但这些并非房子属性的全部，社区配套、周围风景、空气质量等其实都是房子的组成部分。

问题是房子的权利边界可以延伸多远？跳舞的大妈也可以振振有词地说：“我们在距离你家两三百米处唱歌跳舞，关你什么事？而且这里是广场，是大家的活动中心，你不允许我们跳舞，就是侵犯了我们的权利。”

“权利”一词往正义角度去争执，难有定论，然而从“利益界定”这个角度却可以看得清晰。住户说受到干扰，听不到电视声音，晚上睡不着觉，又或者更严重的——家里有卧床病人，有温习功课准备高考的孩子，最终损失其实是投射到其房子的价值上的。有些人正因为难以忍受，所以低价卖房一走了之。如果跳广场舞的权利得到支持，原本100万元的房子可能只值50万元了。一舞千金，太昂贵了。

而且并不是说你的免受干扰的权利诉求一定会被支持，如果你的房子本来位于闹市商业区，晚上没入夜前楼下商家播放的招徕广告虽然影响了你，但你很可能投诉无门。另外，你可能会投诉得了某个商家到晚上12点还开着高音喇叭，但你很难投诉得了半夜有车辆疾驰而过影响了你的睡眠。不同场合不同的结果，这是因为法律制度会直接或者间接支持财产最大化的权利安排。

财产的维护不是一件容易的事。远古时期，你打到一头猎物，这并不代表你就可以拥有这头猎物的收入。在你还没有吃掉它之前，很有可能被其他人抢走或偷走。以前的封建领主，为了维护自己的财产，雇用护院家丁，耗费甚巨。而从更广的范围看，国防警备开支，也是为了维护一个国家之内的财产。

你的打猎收获、种地产出，如果随时会被别人偷走或抢走，那么这种社会效率是极其低下的。你如果有1000元，那么别人只要耗费低于1000元的代价，比如990元，把你的钱抢走，他就有10元的收益。而为了防止别人抢走，你不得不耗费巨大的人力物力去防盗防抢。这种社会是难有财富积累的。

要减少这种原始状态的损耗，人类建立过各种制度，等级分配、市场交易，还有道德风俗也是广义制度的一种。比如要维护社区房子的价格，大妈就要噤声。而让大妈噤声的办法，一种是要靠法律强制力，另一种是道德风俗的约束。

而道德风俗的有效运转，需要一定的基础。农耕社会以血缘关系为基础的聚居，容易形成稳定的乡规民俗，于整个社会而言就是道德礼教传统了。但现在随着工业化和城镇化推进，人口流动频繁，一栋楼里，左邻右舍不一定认识，这种基础在城市里基本是消失了的。

而城市化过程当然也会形成城市文明，以家庭为单位相对独立、讲究隐私、注重个人形象和公共卫生，这些是城市文明特征，需要时间培育，不能一蹴而就。如今流行广场舞，正是因为有些老人来自农村，渴望集体活动，而尚未适应城市习惯。而且，城市里老人和子女分开居住现象普遍，这点也减弱了“己所不欲勿施于人”的约束。如果老人和子女一起居住，就会更容易顾及噪声对家人的影响，从而能推己及人了。

广场舞的困境，其实并没有太多应对办法，所谓“安排更多不影响住户的场所给老人活动”的说法，其实是一句两头不得罪的无用之话。老人就是要在住处附近活动，除非有人乐意免费供应房屋做活动中心，否则冲突难免。在道德风俗尚未能发挥有效作用之前，只有在住户难以忍受进行投诉的时候靠法规相对武断地约束了。

如何避免身上的“公地悲剧”？

他是国内名校毕业，专业方向是计算机图形学中的算法研究，毕业之后在国际知名 IT 企业中国研究部工作。但在熟悉他的非内行人看来，他就是一个“读计算机”的。因此，隔篱邻舍，亲朋好友，碰到和电脑有关的鸡毛蒜皮的问题都会找他。他是小区的大忙人，几乎每天晚上，本来可以休息或者做自己研究的时间，都会不断地有电话打进来，问他怎样安装杀毒软件，机器响声很大怎么办，开机了怎么没图像……当中相当一部分人会有进一步的要求：帮忙看一下。虽然大多数住得不远，但来来往往，使他几乎没有了空余时间。

她天赋过人，年纪轻轻就得过不少小提琴演奏大奖。有一次机缘巧合，曾经因为演奏包含大量高难度演奏技巧的帕格尼尼二十四首随想曲，受到意大利著名小提琴家萨尔瓦多里·阿卡尔多（Salvatore Accardo）的赞赏。她在某机关工作，因为名声在外，系统内有大大小小的晚会或文艺会演，常常会邀请她去进行小提琴演奏表演，还有本地各种各样的晚会也要应付。这些大众式的文艺晚会，难以有一流的场地和设备，而观众的欣赏水平也良莠不齐，更让人哭笑不得的是不少这样的邀请附带演奏内容，罗列的都是一些最新的流行曲。这样的演奏根本没法提高她的水平，静下心来练习的时间也很少了。

他如果脸皮稍微“厚”一点，学会拒绝，能够有时间做专业研究，而不是每天回答大量的类似机器黑屏了怎么办、买什么杀毒软件好的问题，他会在自己的专业上有所作为，社会效益是很大的。她如果能够推却那些没必要的应酬和表演，或者换一个工作，专心于自己的事业，很可能中国会脱颖而出一个世界级的小提琴家。他们面对的问题和烦恼，一言以蔽之，是公地的悲剧。

“公地悲剧”是经济学中的一个被谈论了无数次的话题。这个词出自著名生态学教授加勒特·哈丁（Garrett Hardin）1968年发表的文章“The Tragedy of the Commons”。他论及公共草场的问题，因为草地免费，牧民都希望增加自己的牲畜，会出现很明显的过度放牧问题，导致草场退化，最终所有的放牧人都受到损失。

公地悲剧产生的原因是产权界定的不明晰。地方是公共的，人人都可以使用，人人都会最大化自己的利益，因此，他们不会花费心思去保育草地。1993年，格莱特·哈丁教授再次发表同名文章，提出了更多的例证。其中一个是1974年的地球卫星照片，可以见到北非的照片上有一片面积为627.6平方千米不规则的黑块，通过地面探测发现这是一片被圈围的土地，草长茂密，生机勃勃，而圈围以外的草地上，一片残败景象，已经受到明显破坏。调查的结果是圈围内的土地是私产。而圈围之外的土地不属于任何人，向游牧者和他们的牛群开放。

就是那么一道把土地围起来的栅栏，栅栏内外有着截然不同的结果。因为这道栅栏，就是产权界定的象征，圈内的土地是你的，收益归你，维护当然也要你来做。你自己利益的最大化，和这块土地产出最大化是一致的。因此，你就有了使这块土地产出最大化的动机了。

而再回顾上面的两个例子，显然，作为一个自然人，他们是对自己的劳动拥有产权的，本来是不存在引发公地悲剧的逻辑条件的。他们专注于专业上的研究，可以期望有更大的成就。但是，他们所缺乏的，是一种在自己身上竖起一道栅栏的勇气，因此宝贵的时光白白浪费在一些鸡毛蒜皮的小问题上。而那些寻求帮助的人们，也不能过于责怪他们，因为他们大多是没有意识到，自己为了贪一时便利，生生把一个人折腾成了一块公地。

经济学视角下的许霆案

在文章的开始，有必要复述一次已经被媒体重复了无数次的许霆案的来龙去脉：在广州打工的许霆从银行 ATM 机取款时，意外发现 ATM 机出错，取 1000 元只扣 1 元，故先后取款 171 笔，合计 17.5 万元。事后，携款潜逃，并花光所有的款项，后被抓获。广州市中级人民法院审理后认为，许霆盗窃金融机构，数额特别巨大，判处无期徒刑，剥夺政治权利终身，并处没收个人全部财产（后重审改判五年有期徒刑——编者注）。审判结果一出，众说纷纭。包括媒体和民众，以及法律从业人员、法学教授都发表了不少看法。不少人认为判决过重，也有人认为，相关的判决的确是按照现行法律进行的，并无不妥。

无论是法官的审判，还是公众媒体的评论，其实所体现的是大陆法和普通法两种法律体系的精神冲突。其主要区别在法律渊源（或者可以称为法律依据）上。大陆法是成文法，遵循的是我们常说的“以法律事实为根据、以现行法律条文为准绳”的原则，立法机关制定的规范性法律文件对法官具有很大的约束力。而普通法遵循的是司法先例原则，同时，法官亦可以在司法审判的过程中修正或废弃以往的先例。相比之下，法官拥有更大的裁量权，有更大的权力去权衡和量度合理性。

而中国内地法恰是借鉴和参考大陆法制定的，法官所拥有的自主权极为有限。这也正是许霆案所面临的尴尬，纵使有关人员私下认为对许霆的量刑过重，也无法违背一些明确的法律条文去修改判决。例如我国刑法规定，盗窃金融机构，数额特别巨大的，可以处无期徒刑或者死刑，并处没收财产。而 1998 年《最高人民法院关于审理盗窃案件具体应用法律若干问题的解释》规定，个人盗窃公私财物价值人民币三万元至十万元以上的，即为“数额特别巨大”。

20 世纪 60 年代在混杂着大陆法和普通法的西方国家兴起法和经济学这门交叉学科。其背景是新制度经济学的一些重要进展（当中最有影响力的莫过于科斯发表的《社会成本问题》），为法学提供了崭新的视角，通过探讨法律的效率问题，应用经济学理论和方法来检验法律制度的形成、结构、演化和影响，从而横空出世“法和经济学”这门独特的交叉学科。

而在许霆案中，我们遗憾地看到了经济学的缺席。实际上，许霆案中的关键和核心与财产权相关，是谁侵犯了谁的财产权？我们又应该给予当中的各主体什么样的权利，才能使市场更加有效率。这正是法学和经济学领域所关注的内容。

法学和经济学的集大成者波斯纳法官，在其经典著作《法律的经济分析》中举过不少例子，其中一个是火车经过农田，喷溅出的火花影响了旁边的农作物。如果火车的火花造成的损害小于为了避免喷溅火花的成本（比如安装某种消除设备），无论法律权利的初始分配方法如何，其结果都是一样的：铁路抛撒火花，而农民将庄稼移离铁路。但是，如果我们按照传统的法律去判定，农作物是先有的，铁路是后来的，因此农作物拥有不受侵害的权利，这样的判决其实并不利于市场之中的任何一方。

可以用同样的思路去看许霆案。我们需要思考这样一个问题：是否应该用最严厉的手段去保护代表着金融机构的柜员机，即便是由于它的错误而引起用户一时贪心？如同我们是否应该为了保护农作物，而禁止火车经过有农作物的地方一样。

对银行来说，一个无期徒刑的判决其实并不一定对它有利。因为假如可以允许许霆事后赔偿银行损失，双方的处境可能才是最优的。重要的一点，如果像许霆案中这样对柜员机进行过度保护，其实就是对提供与柜员机相关的软件单位的一种纵容。他们提供最严密、最安全程序的责任心将会松懈，软件漏洞会更多。而这点又反过来会严重影响他们的服务单位——银行机构的产品和服务质量，甚至因为软件算法的更多疏漏与错误而导致更大的危机。这并非耸人听闻，历史上不难找到一些案例。

因此，许霆从自己的银行卡取出了 10 多万元，对庞大的银行机构来说，其实并不一定是一件坏事。因为它通过非常小的损失（如果它可以得到保险赔偿，损失就更小了），而及时发现了柜员机软件的错误和漏洞，从而避免了更大的损失。

欧洲很多国家都可以见到正义女神像 Justitia，她披白袍戴金冠，左手持天平，右手持长剑，戴着眼罩，像的背面往往刻有古罗马的法谚：Fiat justitia ruat caelum（为实现正义，哪怕天崩地裂)。以便彰显不惜一切维护公平正义的信念。

正义女神戴着蒙眼布，表示法律的天平不会偏向任何一方，表示一切按照法律制度办理、不偏不倚的决心。有意思的是，这恰恰正是体现着成文法的默认知识：白纸黑字，天公地道。法律面前，人人平等。如果让 Justitia 女神去审判许霆案，我们会非常尴尬地看到，法院的无期徒刑判决并无不当。因为这些都是有法可依、有章可循的。

正是这样，我们可以看到，在经济学视角下看法律，并不是很多人常说的什么“经济学帝国主义”、赤裸裸强调效率优先、为了金钱不顾一切,或者许多人认为的会影响法律对公正的维护。故而，为了维护正义和公平，女神蒙着眼睛去审判很可能是适得其反的,不妨用经济学之手去揭开女神的蒙眼布吧,让她看个“清清楚楚明明白白”，现实中的正义与公平，除了心中那杆秤，还要考虑到更多的约束条件。

风险、不确定性与保险协议

记得十几年前，“保险”这个词还没现在这么广为人知，有人第一次听闻时惊奇地问道“是否买了保险就保证没有危险了？”而当保险员向其介绍相关的理念时，总被啐一口“你这不是咒我出事吗？”其实直到如今，还有不少人抱有这样的态度。他们会认为，如果不出事，那么买保险等于给保险公司送钱。如果不想给保险公司白送钱，那么只能自己出事。

他们会认为，去市场买东西，是得到了看得见的实实在在的商品或者服务，而保险公司则不同，购买保险如同去赌场下注，无论赚蚀，自己都是输家。虽然从付出和收益来看，保险与赌博都是支付一笔固定费用来换取不确定的较大金额的收益，但明显不同的是前者把未来或然发生的较大损失转为一笔固定的成本开支，后者是博取额外的收益。

古时候长江流域粮商通过船舶运输米粮时，将同一人的粮食分装不同的船只，以求风险分摊减轻单个人的损失。传统农业社会，人们对一些重要的事情比如红白事的处理更多基于血缘关系的家族内部的互助。这些分舟运米以及家族互助的做法其实正是保险理念的雏形，通过组合的模式分摊风险。而到了奈特那里有了清晰的描述。在《风险、不确定性与利润》一书中，他说："处理不确定性有两种基本的方法，一种方法是通过分组降低不确定性，另一种方法是通过寻找合适的人选来承担不确定性。"

正如奈特所说，保险公司正是通过分组来处理不确定性的机构，应用保险原则，能够将较大的或然损失转化为较小的固定支出。如果古代有第三方的保险公司，就会向粮商按船舶数量和粮食价值收取一笔费用，而不需分舟运送。

举例来说，对单独一台汽车很难预测发生事故的概率，但是可以通过分组原则，统计全国共有此类型车辆的数量，过去发生事故率多少等。如果平均事故率是 1/10，每个事故赔偿金额大概 3 万元，那么保险公司认为每辆车收取 4000 元的保费扣除了管理费用不至于亏本，便会考虑开设这个险种。当然，要在市场竞争中争取份额是不容易的事，因为其他保险公司可以降低自己的管理费用而抢得市场。

故此，保险业者必须精准地预测总损失，报出合适的保费，既不至于破产也不至于落败于竞争者。那些认为保险公司从事的是包赚不赔生意的观点其实是错误的，历史上破产的保险公司并不鲜见。几年前有着近百年历史的东京大和生命保险公司便宣告破产，甚至全球最大的保险服务商美国国际集团 (AIG) 亦陷入破产危机。

有意思的是，如同有人认为保险公司做的是包赚不赔的生意一样，同时也有人认为，因为投保人比承保人掌握更多的信息，所以这种信息不对称使保险业成为一个柠檬市场，身体状况好的人不愿意投保健康险，开车谨慎的人不愿意投保车险，保险市场会一天一天萎缩下去。1972 年的诺贝尔经济学奖得主阿罗说过这样一句话可以否定这种观点："资讯的差异性普遍存在于经济体系里，导致了无效率，也促使我们通过合约的安排或非正式的共识，对资讯不足的一方施以保护。"意思是说信息不对称是普遍存在的，而市场的合约安排能解决这个问题。这是的论，保险市场会分类不同的投保者，有不同的合约安排。

如同其他商家和顾客的关系一样，保险公司和投保人其实是互惠互利的合作关系。目前还有许多人对保险业有误解，而这从另一个角度也说明中国保险业还有很大的潜力。统计数据显示，2016 年保险业总资产超过 15 万亿元，我国银行业金融机构本外币资产总额达到了 232 万亿元，而人均保费以及保费占 GDP 的比重都低于世界平均水平。如果说之前十几年保险业在中国是一个概念普及的时期，而未来十几年一定是保险本身普及的时期。

牛郎要补偿织女的家务活吗?

话说织女下凡嫁与牛郎，从此男耕女织，日出而作日落而息，用劳动换来温饱。他们隔壁有一户人家，女人名晓梅，出自邻村大户张员外家，从小娇生惯养，诸多挑剔，嫁人后更是两手不沾阳春水。她很看不惯织女，常常串门唠叨，说织女又要织布又要做饭洗衣，而牛郎只是种地，太亏了。一天两天没什么问题，几个月下去，织女的心态终有了变化，觉得自己的确是太累了，常给牛郎眼色看，整天和邻家妇人打牌聊天，不做家务，甚至让牛郎回来自己做饭。于是乎，无事变小事，小事变大事。终于有一天，牛郎狠狠地给了织女一巴掌，织女一怒之下绝尘而回天宫。

原本的牛郎织女传说反映的是典型的农耕社会形态里人们简单美好的祈愿。我的篡改当然很无聊，如同很多人会觉得有人正儿八经地把所谓的家务活价值化作为“两会”提案是很吓人的一样。但是吓人的问题却可以有不简单的答案，我们不妨思考一下，男方是否要为女方的家务活予以金钱上的补偿?

男女双方通过婚姻组建一个家庭，手续上只是简单的一张证书而已，实际是包含了一系列的内容，包括双方的生理满足，包括洗衣服、搞卫生、做饭这些家务劳动，也包括物质和金钱上的共享、精神上的慰藉。当然，还有亲情的温暖。这些复杂烦琐的内容，大多数是无法列出明细条款的，比如谁做家务，谁挣钱，等等。农耕社会相对固定的男耕女织模式，是考虑体力、环境等因素的效率安排，而生产力大幅度提高的现代社会使男女的分工模式更为复杂和多元。细分婚姻中男女双方的权责和分工是一项耗费巨大得不偿失的事情。

熟悉新制度经济学的人，由此会想起企业这个词。新古典理论教科书里说企业是将投入品转化为产出品的实体，然而这并没有解释企业为何产生等问题。既然市场价格机制可以自动协调人与人之间的生产和需求，为何仍存在企业这样内部不运用价格机制的组织呢？我们知道，企业里有计件工人，也有计时文员、经理人，他们不是到市场上和客户直接交易，而是通过企业这个实体，把一群人组合在一起，在企业内部，指令替代了市场。科斯的“为何有企业”的发问，是现代制度经济学的发端。

学术史上的解释林林总总，很多经济学家做出了贡献，当然都是围绕着交易费用展开的。如果每个人都直接和其他人交易，交易次数将会大增。在流水线上，后一道工序的人从前一道工序的人那里买来半成品，加工一道工序之后，又卖给下一道工序的工人，这样交易量的暴增，增加了成本，也极大增加了发现最终产品价格的困难，企业应运而生。如张五常教授所云，这其实便是通过一种合约替代另一种合约。

类似的分析，当然可以用到家庭分析上。在现代社会，婚姻需要男女双方的同意，无须也无法一一罗列所有的付出和收益，他们用一纸婚书这种简单的合约，替代了一系列错综复杂、变化多端的合约。如果真如某代表的提案那样，立法规定要男方为女方的家务活进行补偿，那么，即便是简单如牛郎织女那样的家庭，男方是否也会说自己种地有收成增加了织女的福利让她为此补偿呢？法律要将触手肆无忌惮地伸到每一个家庭的琐碎生活中去吗？要知道，这样是对婚姻合约结构的一种破坏，平添社会交易费用。这和立法规定最低工资、约束计件工资是一样的道理。

给 E-mail 贴一张邮票会如何?

那天正在上班，一位同事兴奋地叫我过去。原来她的 skype（即时通信软件）上弹出了一条信息，有人给她的注册邮箱发了一封中奖通知，说某知名网企十周年志庆，她的 ID 幸运抽中了一台笔记本电脑。虽然有些猜疑，她还是掩饰不住地兴奋。

对这样的网络新手，我只能慢条斯理地告诉她，我曾经收到过非洲某国酋长女儿的 E-mail（电子邮件），说她的父亲受到政治迫害，她在网上寻求帮助，认为我可靠，想把家族财产都转移给我。也曾经收到一位宣称自己破解了人类什么密码的民科邮件，他说他的发现注定惊天地泣鬼神，会囊括下一届诺贝尔生物、化学、物理奖，说选中我做他的代理人，是我莫大的荣光。而最近，更有一位“美国投行 CEO”来邮，说我在他们银行的账户由于金融危机被冻结，叫我汇几千美元的手续费过去，他帮我解冻。我回了一封邮件说现在很缺钱，不如你先给我汇 1000 美元，我存在贵行的几百万美元都归你了。

骗子通过广撒网的办法总能时不时地抓到几条上当的鱼。如果说上述的这些骗局邮件还带有一些欣赏价值，那么网络中更多的是不具备任何趣味性的垃圾邮件。许多企业为处理垃圾邮件，耗费了大量的人力物力。如何防治垃圾邮件，是横亘在人们面前亟待解决的一大网络问题。

现实中有许多应对垃圾邮件的技术性办法。包括根据 IP 地址、关键词的过滤，通过设置黑白名单来区分恶意邮件和目标用户。邮件服务商还普遍采用了根据发送频率的判断策略，比如服务器短时间内收到来自某个 IP 或者某邮箱的大量邮件，可以判断为垃圾邮件。技术上的处理办法林林总总，然而始终难以根治垃圾邮件问题。

我住所楼下的信箱，偶尔也会有“垃圾邮件”：某个楼盘的广告、新开食府的宣传单、小区学校的开学信息、免费派送的报刊……这些多是来自附近关于日常生活的一些信息，虽然对我来说多数是没用的，我仅拿来当涂鸦用，但也绝不会出现如同电子邮件那般神经兮兮的信件。

究其原因，是成本问题，更确切地说是边际成本问题。广告商通过纸质邮件宣传，需要筛选目标客户群，希望尽量把广告投递到潜在客户那里去。因为广告的印刷需要费用，投递也需要费用。虽然印刷量大时单位广告费用会下降，但边际费用不可能为零。而电子邮件不同，边际成本可以视为零。因此，发送者最希望的是能够把每一封 E-mail 同时发送到全世界每一个邮箱中。他们会利用软件，通过单词或者姓名组合等穷举办法在互联网上广而发之。

既然垃圾邮件充斥的原因是边际成本问题，那么防治的最好办法是提高发送邮件的边际成本。比如对发送邮件进行收费，每次收取一分钱甚至更少，价格低廉得让一般用户没什么感觉，但对每天大量发送垃圾邮件的人来说，这笔费用足以让他们望而却步。这个办法足以消除绝大部分的垃圾邮件了。事实上，好几年前比尔·盖茨已经在计算机大会上提过相关的设想，而微软早在多年前已经成立了一个研究小组展开电子邮件收费制度可行性的研究。

多年过去了，问题依然悬而未决，是因为互联网存在大量的邮件服务，在一台机器上架设能够收发电子邮件的系统对业内人士来说并不是什么困难的事。这种点到点的邮件系统，要通过第三方机构进行收费，要平衡各方利益关系，也要邮件运营商达成共识，签署通过第三方系统进行收费认证的协议。

国外目前已有商家开始了类似的尝试，推出了电子邮票服务。或许不久的一天，当我通过邮件客户端程序发送稿子的时候，系统会提示“您尚未贴邮票”呢。虽然一天要花费几分钱，然而能杜绝那些曾经令我们头疼不已的垃圾邮件，何乐而不为呢？

左思十年写成《三都赋》为何不收版权费？

知识产权在世界范围内确立并得到广泛认同是近现代的事，其内容包括著作版权、商标、发明等。一般财产权，人们容易理解和接受，然而对知识产权，常有争议。

某些奥地利学派的学者更从根本上反对知识产权，认为那是反自由的。他们认为产权是排他性的独断占有，你买了书，就有处置这本书的权利，包括转给别人，甚至自己去复制印刷。另外他们认为，知识产权是通过政府强制来取得的，因此带有天生的污点。

这些观点失之偏颇，你在市场上购买的所有商品、服务，其实是一个权利集，商品的说明书、维护条款里一般会对商品的使用有所约束。比如，你购买了一台冰箱，保修单里可能会注明这款冰箱属于家庭使用，禁止商业使用。这是基于保修上的考虑，商业使用损耗会更大，保修成本会更高。

另外，那些反对强制力的观点是无政府主义思想作祟，不从交易费用角度，难以理解为何古今中外政府是一种常态。这些人强调的是先验之权利、至上之自由，世事变迁、市场演进似乎不是他们所要考虑的事。

我们不妨从“洛阳纸贵”的例子来看版权问题。《晋书》记载，左思耗费心血历时十年写就《三都赋》，得到皇甫谧、张华等人的盛赞和推介，风靡都下，豪贵之家竞相传写，洛阳因此为之纸贵。

事实上，人们需要的是左思的文赋，而不是纸。但因为技术条件所限，文赋要传播，靠的是互相之间的传写，纸张是媒介，因此洛阳纸贵，卖纸的发了一笔小财。

文赋作者是左思，本来属于他的部分收入现在转到卖纸的人那里了。这是因为，他很难在当时收取一笔版权费。比如，左思可以发表一个公告，说凡抄写此赋者，必须支付作者版权费若干文钱。但要监督别人抄写，费用何其高也，左思就赚不了这笔钱。

并且，旧时的科举制度下，优秀的诗文能够给作者带来巨大声誉，仕途也会得益。这些是作者的主要收入了。因此，左思所希望的，是文赋能得到广泛的传播和更多文人的肯定。社会制度和技术条件都约束着他，直接从读者那里取得收入的费用过高。

而随着技术的发展，这部分收入得以有机会转到作者那里去。我们知道，唐朝之前，书籍主要依靠人工抄写，效率极低。而到了唐朝后期，因为雕版印刷术的发明与普及，使书籍出版速度和数量大大提高。雕版印刷是把字印到整块木板上，雕刻成阳文，再一页一页印刷，人力、物力、时间耗费虽然还很大，但和人工抄写相比是一大进步。

出版商和作者这时也有动力去保护版权了。事实上，版权保护活动的出现，从宋朝已经开始有个案了。出版商和作者为了校对编辑诗文稿，往往会耗费大量的人力物力。如果被其他人翻版，很可能亏损，这也是他们提出版权主张的根本原因。

古代社会没有如今这样发达的媒体，作品最初大多是通过友侪间传播。而现代社会，技术条件今非昔比，印刷出书成本大大降低，版权费也是作家的主要收入了。出版商与作者签订合同，支付一定比例的销售收入给作者。如果版权得不到保护，意味着任何人都可以将书拿去印刷，支付校对编辑等费用的先期出版商，在价格上肯定竞争不过盗版者。

而电脑和互联网的出现与普及，更使信息的传播边际费用降到接近于零，版权保护也有了新的内涵，电子收费文档出现了。也就是说，作家可以直接从消费者那里取得收入了。不妨想象一下，如果晋朝有了互联网和电脑，左思可以把小部分文赋放在网上，限制下载，每点击收取若干文钱，结果很可能就是“豪贵之家竞相点击，左思暴得千金”了。

VIP 插队制度的现实困境

因为以前领略过银行里长时间排队的痛苦，故此我一直恪守着“若非必要，勿去银行”的原则。但有一个问题一直颇为疑惑，就是在普通窗口大排人龙的同时，侧边常常是空空如也的 VIP 窗口，几个职员在里左顾右盼谈笑风生。我常想，为什么不将这些窗口也对其他普通储户开放，并且不妨加一个 VIP 优先的原则，这样不是能明显提高效率吗？

实际上，还真有银行这样做了。就是因为这样做，也同时成了被告：福州市民李治平就曾状告中国农业银行福州市仓山支行三高分理处，法院受理了该案，而最终法院做出一审判决，驳回了李治平要求确认银行“VIP 客户西联汇款优先办理”的告示为无效告示的诉讼请求。

李先生的心情可以理解：辛辛苦苦排队，差不多轮到自己，却杀来不速之客，难免顿生不公之感。如果换了一种环境，VIP 独占窗口，李先生恐怕不会这么愤懑，实际上他就曾这样说过“如果银行认为 VIP 客户更为重要，完全可以专设一个窗口办理贵宾业务，让贵宾插队的做法是对普通储户的一种歧视”。

仅从表面看来，银行实行 VIP 插队的这种制度“歧视”，能够比原来专用窗口提高效率。举一个例子，银行里有三个柜台，原来其中一个为 VIP 专用。银行每日办理业务时间为 5 个小时，平均每笔业务耗时 5 分钟，一天下来，两个普通窗口可以办理 120 笔业务。假设一天共有 10 笔 VIP 业务，如果采用三个窗口同时对所有客户开放，但 VIP 客户可以插队的制度，则共可以办理 180 笔业务，扣除 VIP 的 10 笔业务，还可以为普通客户办理 170 笔业务。

也就是说，每个客户的平均等待时间缩小了，VIP 可以插队的制度其实对普通储户的益处最大。但在现实中，为何采用这种制度的银行仍属少数，大多数采取似乎低效的专窗模式呢？

这说明，VIP 插队制度还存在我们忽视了的其他成本。这些成本就包括了李先生觉得这样不公平的反应，还有重要的一点，VIP 和普通储户混合在一起但可以插队的安排，会增加管理方面的费用。也就是说，甄别 VIP 身份需要额外费用。其他普通客户也可能会浑水摸鱼插队，难保银行职员不会因此有作弊行为，为熟人大开方便之门，也难避免一些客户为了赶时间而贿赂职员伪装成 VIP 客户。而专门窗口模式，显然可以杜绝这些漏洞。

李先生的官司是近年来银行与储户关系紧张化的一个反映，银行里排队现象一直得不到缓解，耗费了大量的社会成本。除了可以增强竞争、解决银行服务供应不足的问题，银行本身其实也可以借助柜员机、网络等自助支付系统来改进服务质量。而随着金融体系对外资进入的放开，以及网络交易安全的提高，有理由相信，银行与储户之间这种紧张局面会慢慢消解。

进场费是啥玩意？

物价上涨，媒体和民众都乐意从生产、流通到销售环节上找寻道德上的原因，此前央视等媒体曾高调批评的超市进场费，无疑是其中之一。进场费是超市针对某种商品向供货商收取的费用，不少人认为这抬高了商品价格，甚至归结为灰色费用、潜规则等，认为没有这些费用，商品价格就会相应降低。

媒体曾报道，包括各种名目的进场费以及进销差价，超市总共收取了高达售价四五成的费用。如此观之，超市简直是一个暴利行业，然而现实中我们又很容易观察到，超市是劳动密集型企业，进入门槛不高，面对的竞争很大，做不下去的大有人在。显然，媒体所举的一些例子过于特殊，不具有普遍性。超市对供应商收取包括开户费、节庆费、新店开张费、促销服务费等形式的进场费，只是合约形式的不同而已，其实现实中类似的例子不少。

企业招聘销售员，因为不同的情况会有不同的雇佣合同。有些只给固定工资，有些只给提成而没有底薪，有些还有分红。更多的情况是底薪加提成的合同模式，销售员即便一件产品卖不出去，也能领到底薪。一般而言，越不为市场所熟悉的产品，采用底薪加提成模式的概率越大。企业主认为自己的产品有机会卖出去，但销售员对产品的熟悉情况不如企业方，底薪加提成的合约模式无疑更易为双方接受。

进场费其实也和底薪制类似：超市卖场和供应商的合同关系可看作供应商雇佣超市经营者去销售自己的商品，供应商会说，我的商品物美价廉，消费者一定会喜欢。超市经营者不一定会认同，如果仅仅赚取差价，可能血本无归。因为货架空间的占用，实际上就是劳动力和资金的占用。考虑到中国大多数超市都处于寸土寸金的商业繁华区，地租更是一笔大费用。

先收取的进场费，还有筛选供应商的作用。如果超市仅限于赚取差价，所有的供应商都愿意把自己的商品摆上超市货架，超市就必须花费大量精力去调研供应商的信誉以及商品可能被市场接受的程度。社会上的商品供应商何止百万，商品种类更是难以计算，这是一个耗费巨大的任务。

而对一种商品，供应商无疑比超市掌握更多的信息。先收取的一笔费用，等于告知供应商，你自己盘算一下自己的商品能否销售到某个数量，否则会亏本。更何况，消费者去超市买了伪劣商品，超市要为之负责。加上商品质量信息传递开来也需要一个时间，先行收取的费用，无疑有着甄别供应商以及商品质量的两重作用。

由此可见，各种名目的进场费的存在，根本原因在于超市经营者和商品供应商对商品质量信息的不对称，以及对该商品的最低销量存在分歧，超市经营者倾向于先索取一笔固定的费用。如果双方信息相近并且对商品最低销售量估算的差异不大，比如，是早为市场熟悉的品牌商品，其最大销量则和商场的推广力度有关，包括摆放位置、推销手段、营业员的素质等。

不要以为收取进场费是超市的单方面行为。实际上，正是一些质素较高的供应商，对自己的商品有信心，为了打响市场推广自己的商品，希望超市先行收取一笔费用，双方从而选择类似底薪加提成的合同模式。在商品质量屡受质疑、常有食品安全事故的今天，这种模式无疑更具有现实意义，其结果并没有抬高价格，禁止这样做才会平添市场双方的交易费用，这个费用的一部分也会转移到消费者那里去。

现实比我们想象的世界复杂得多，复杂的世界当然会有复杂的合约结构。不能单凭一时意气去无端抨击甚至要借助行政之力予以干预，他们不喜欢的东西可能真会不见了，但是更多不喜欢的会冒出来。

阿米绪命题与鱼乐之辩

秦朝时期，为避战乱，有人率妻子邑人归隐绝境，繁衍生息，不知今世何世。这是陶渊明《桃花源记》里的故事。而在21世纪的今天，在最发达的资本主义国家美国，却有这样一个民族，他们和桃源人“鸡犬相闻，往来种作，男女衣着，悉如外人”的生活几无二致。他们数百年来过着不变的农耕生活，生活简朴，拒绝现代化的电话、电脑、电视等科技产品，甚至家里连一条电线也没有。他们还赶马车上路，混在现代化的汽车周围，成为一道奇特的景观。

他们是阿米绪人，散居在农耕区平原上，人数多达二三十万。有人不禁感叹道：虽然他们生活简朴，却比我们更加幸福。意思不外是说现代人过于沉溺于物质生活，忽视了精神层面的追求，因此难以寻觅往日心灵的自由和放松。比如，电视的出现，使人们整天坐在一个怪盒子前面，缺乏阅读，缺少对话和交流。人们发明了手机，虽然沟通便利，但却反而制约了自己，随时都处于紧张的状态中，不能真正放松。类似这样的例子还有很多，总之，是他们认为选择了物质而放弃了精神追求的人们，还不如阿米绪人幸福。

阿米绪人比我们更加幸福吗？

幸福是极为主观的价值判断词汇，如果一定要进行大小比较，我们只能回到经济学的效用角度。要注意的是，效用是序数概念而非基数概念。也就是说，只能排列顺序而不能进行加总比较。而顺序是通过选择来表现的。一个人选择了A而放弃了B，表明A给他的效用更大。但如果是两个人的不同选择，其效用我们是不能进行比较的。

“阿米绪人活得比现代人更为幸福”的说法，至少犯了两个错误。第一个错误，“阿米绪人是幸福的”这是对一群人而非一个人的判断，是大有问题的。对单独的某个阿米绪人来说，他因为居住在乡间，生活简朴，劈柴喂马，关心粮食和蔬菜，而在城市里要用现代化电器，要开耗用汽油的车，因此他在乡下更快乐吗？这种对比的问题，是没有考虑阿米绪人的退出成本，这是重要的约束条件。我们无从得知，阿米绪人是否厌恶现代文明而觉得乡村生活更加幸福，还是因为其他因素制约，退出成本增加。

第二个错误是不同主体之间的效用是不能进行比较的。你吃汉堡包，我吃叉烧包，你的效用不能和我的比较。某个阿米绪人，他坐马车，点蜡烛，居住在环境清新的平原，另一个是上班族，朝九晚五，居住在熙攘拥挤的市区。哪一个更加幸福，是不能进行比较的。

有人偶尔郊游或者远足到乡间，空气清新，环境优美，甚至能“感觉到花蕾在春风里慢慢开放时那种美妙的生命力”，闻到“秋风中常常都带着种从远山上传过来的木叶清香”（古龙语），这种感觉让他精神一振，几天之后便打道回府，大隐于市，向城里人推销“阿米绪人比我们快乐多了”的幸福观。这是怎样的一种矛盾啊！

我想起了庄子和惠子那个著名的辩论。鱼是否快乐，你可以说它快乐，我可以说它不快乐，看和什么比较。如果一个大池塘，鱼多游于水草之间，那么我们不妨认为，它们在水草中嬉游会更快乐。如果鱼可以跃上岸边，但它们没有这样做，我们可以认为，它们在水里比在岸上更加快乐。

但如果没有了选择，就无从比较快乐。庄子说鱼多么快乐啊，只是一句文艺抒情而已，他并没有说鱼比我们快乐多了这样的话，因此当惠子无理取闹质疑“子非鱼，安知鱼之乐”时，与其用“子非我，安知我不知鱼之乐”这样更为无赖的句子来反驳，庄子还不如白眼一翻，答复说：“它们没跳到地上，说明它们在水里是快乐的。”

第五卷　杂论：经济学并不神秘

调高最低工资影响加薪

每到“两会”期间，有关收入分配的话题总会引起人们的广泛关注。有代表曾表示，由于近年来物价波动较大，收入跑不赢CPI（居民消费价格指数），我国各省的最低工资标准每两年调整一次的标准太低，因此应该加紧建立“最低工资标准”与CPI的联动机制。而发改委及人社部官员也表示将会推进最低工资标准的调整，完善工资正常增长机制。

联系到更早的时候政府提出的收入倍增计划，有人为此振奋不已。他们的逻辑和这位代表观点近似，认为最低工资是工人权益的保障。愿景或许是美好的，然而实际很可能会事与愿违。

2012年的春节前，一位朋友跟我谈到他所在的企业情况，过去一年因为内外环境的改善，企业薄有盈余，加上人员流动比较大，因此资方准备春节之后全面提高计时及计件工资。后来再碰到他，才得知他们单位的加薪计划搁置了。

原因很简单，是年后最低工资又调整了。广东省政府颁发通知，各地企业职工最低工资标准和非全日制职工小时最低工资标准从2013年5月1日起进行相应调整，平均增幅高达19.1%。

有人觉得困惑，认为工人收入一般不会低于最低工资，不明白调整最低工资为何会影响企业加薪计划。要知道，提高最低工资也意味着提高包含社保、医保等在内的俗称“五险一金”的计算基数，企业除了直接支付给员工的工资之外，还要购买五险一金，如今这笔费用增加了不少，但没流到工人那里去。

原本的加薪计划因为这笔额外支出戛然而止，这个现实中的真实案例可以透露出不少信息，企业出不起钱，人员就会慢慢流失。企业主动加薪，并非是善心大发，而是市场竞争的压力。最低工资制度也并不能保护工人、增加他们的收入。相反，更多情况之下它会成为低收入者上进的障碍。

以前的手工业兴盛，如果有人想入行做学徒，一般既要有介绍人，还要与师傅订立契约。前三年内一般没有工钱，在打杂之余学一点基本功。再用几年时间，如果师傅觉得“孺子可教”才会倾囊相授，掌握一门手艺。现在一些行业，比如理发店也有类似安排。学徒工资很少甚至没有，学几年出师，得以自立。如果硬要师傅至少按照最低工资支付学徒工资，那就没人愿意招收这些没技术的人了。或者师傅要先收取一笔拜师学艺费，然而，学徒的资质、师傅的水平都需要互相考验，这样做纯粹是增加了双方的信息不对称。

经济学家当中尽管也会存在如同保罗·克鲁格曼那样为奥巴马政府大幅提高最低工资叫好的，但大多数人对它的负面作用还是有共识的。2008 年前后经济危机席卷全球，芝加哥大学经济学教授穆里根（Casey B. Mulligan）观察发现，经济衰退期间社会上兼职工作者越来越多。但由于联邦政府 2009 年 7 月起大幅度提高了最低工资，从 8 月开始，兼职工作者增长的趋势开始反转。“劳动力市场的衰退问题是很明显的，它显示了一个最低工资法律的构想错误和没有必要，它可能只会让更多的人加入到失业大军中来。”穆里根教授如是说。

“两会”代表呼吁的最低工资和 CPI 联动的做法，其实也来自西方。例如美国不少公司和员工签订的雇佣合同就会包含“生活指数调整”的条款，保证收入能够跟随通胀自动上调。另外美国政府也有规定，第 1 等至第 15 等公务员的工资额会随物价指数的变动自动调整，以便保证公职人员的实际工资不会因为物价上涨而降低。这让国人艳羡的法规，其实是埋下了隐患的。

经济环境较好，不会有什么大问题。GDP 年年增长，即便没有类似规定，工人收入也会在市场竞争之下增加。然而，当经济环境发生扭转时，这种机制却杜绝了收入向下调整的可能。企业只能减少招聘甚至大幅裁员，在福利主义政策主导下，政府财政赤字也只会大增。美国的教训应该让我们明白其实“殷鉴不远”，最低工资听起来很美，但仅此而已。我们的法规更应该关注的是如何营造一个公平合理的市场环境，那样无论是企业还是工人都会从中受益。

企业并购回暖的两重隐忧

几年来沸沸扬扬的几起并购案，包括“凯雷收购徐工”“SEB并购苏泊尔”等，都曾引起广泛关注，甚至不乏强烈反对的声音。这些声音，一些是涉身其中的人发出的。比如苏泊尔事件中，六家炊具企业曾联合发表反对苏泊尔并购案的紧急声明，认为法国SEB集团绝对控股苏泊尔，会垄断与中国相关的产品市场，破坏目前行业相对良性的竞争环境，会对社会、行业以及广大消费者造成严重的负面影响。他们的反对声音不难理解，因为苏泊尔是其对手，对手规模的增大和处境的改善，会威胁他们自身的利益。他们的反对呼声如此强烈，是因为他们害怕对手强大，自己缺乏竞争力，因此欲借助民众的民族主义情绪，来反对并购，增加对手的压力。

而一般民众的疑虑，是由于知识上的误区，加上民族主义、集体主义情结作祟。例如，他们认为购买国货能促进民族工业发展，认为反对外资企业的并购是保护了民族企业。须知，一个拳击手，他只有打败了所有对手的时候，才能显出他的强大。同理，一个只有在市场竞争中胜出的企业，才是真正强大的企业。何况，拳击手的胜利，仅仅是他自己的荣耀；而市场竞争，胜者赚得利润，广大消费者也因此得益。

因此，抵制企业间的并购，既保护不了被并购的企业，也不利于行业的健康发展。本地企业在发展壮大的过程中，可能会遇到各种问题，比如资金问题、技术问题，另一家企业可能会遇到本土化的经验问题，双方优势能够形成互补，在并购的交易费用少于并购而带来的好处时，他们就有合并的动力。依照新制度经济学从合约本质看企业的角度，同样可以把企业之间的兼并看作一纸关于市场交换的合约。交换的形式有现金、股票、资产（指厂房、机器设备、人力资源、企业声誉等）之间的交换。他们为什么会交换，就如我为什么会用一瓶矿泉水去换取你的一个面包那么简单。我如果不是对面包的渴望胜于矿泉水，我不会和你交换。你如果不是因为口渴，你也不会和我交换。反对交换，就会让一个人挨饥、另一个人口渴。允许交易，就会让双方的处境得到改善。

因此，在世界经济日益走向全球化的今天，并购之中涉及外资，实在不应该大惊小怪，更不应该上升到破坏竞争甚至国家安全的地步，苏泊尔董事长苏显泽有一句话说得很好："一口锅又不涉及国家安全，以此为理由反对开放，其实是保护落后。"而之前可口可乐收购汇源果汁被商务部否决，除了民众的情绪，更让人担心的是权力对市场肆无忌惮的干预。

斯蒂格利茨给中国改革乱开药方

哥伦比亚大学教授约瑟夫·斯蒂格利茨曾担任世行副总裁和首席经济师，他曾撰文谈论中国的改革，认为中国的问题在于市场管得太多而政府管得太少，从而导致环境污染、贫富分化等一系列问题，因此中国应该通过提高税收来增加公共教育、医疗和其他公共产品投入的开支。

简单地以自由市场、小政府原则和立场来反驳，难以辨析其谬。约瑟夫·斯蒂格利茨的观点其实并非信口开河，而是源于他所专长的信息经济学的研究。亚当·斯密以来古典经济学的传统，认为个人追求自身利益的同时，也实现了社会利益的最大化。也就是说，个人利益和社会利益是一致的。

约瑟夫·斯蒂格利茨则认为完全竞争模型仅是一个美好的图景而已，现实当中存在信息不对称、外部性问题、不完全竞争、垄断等各种情况，导致市场失灵。故此，通过政府行为的介入，能弥补市场缺陷，提高效率。而正是在市场信息方面的研究，使他和阿克尔洛夫、斯宾塞一起赢得2001年诺贝尔经济学奖。

约瑟夫·斯蒂格利茨在和他人合写的一篇谈论保险市场不完备信息的文章中，开篇就批评传统经济学对信息的不重视，“理论经济学家的传统做法是在脚注中讨论信息问题”“经济学理论中一些很重要的结论在信息不完备的条件下变得不适用了”。经济学家把信息问题作为一个重要因素研究，而非只是注脚式的顺便提及，在这一点上可以说是进步。

但是，以约瑟夫·斯蒂格利茨、曼昆、阿克尔洛夫等人为代表的新凯恩斯主义学派却认为政府介入就能弥补市场体制缺陷，这却是浅见了。实际上，信息费用本来就是市场的一部分，没有信息费用就不会有市场的存在。市场出现各种各样的合约模式，正是应对不同的信息不完备、不对称情况而降低交易费用的办法。

比如阿克尔洛夫说旧车市场会“柠檬化”（次品化），因为卖车的比买车的知道更多关于二手车的信息，长此以往，此市场会慢慢淘汰。约瑟夫·斯蒂格利茨也认为，保险市场里被保险人与保险公司之间存在信息不对称，车主买过保险后会有“道德风险”，疏于保养，保险公司会赔个精光。

俗话说“买的没有卖的精”，但人类历史上买卖可从来没有停止过。不同地区、不同时期旧车市场的广泛存在，就辩驳了柠檬市场理论。市场的萎缩、消失，对买卖双方都是损失，他们怎么会坐视不理呢？在现实中，旧车的质量信息会被分类、标签，有专门的鉴定和担保人员，何来柠檬之说？而道德风险不外乎是人性自私的同义反复，保险业可没有凋零。

如今约瑟夫·斯蒂格利茨以信息问题为基础，扩展到谈及政府职责等宏观问题，其错误是一以贯之。他认为政府应该管得更多，在医疗、教育上投入更大，这种论调的理论基础是所谓的“外部性”。认为一个人受到良好的教育和培训，不仅是他个人的事，还对社会有积极的作用。但是，如果让他自己出价，他只愿意为自己受益的那部分出价，这导致教育投入不足。而污染问题则被认为是存在负的外部性，建造一家工厂，只会为厂房、机器设备、人员招募做投入，但是工厂对环境污染这部分成本却被忽略了。

因此，针对正负的外部性问题，约瑟夫·斯蒂格利茨的观点是政府应该通过增加政府开支、增加税收两种策略对待，这其实是提倡政府干预的“庇古税”思路的延续。科斯等经济学家的研究，已经表明外部性问题的本质是产权的界定问题，其实是可以通过产权界定和合约形式实现外部性内部化的，无须通过政府这只有形之手来调整。政府的过多干预，只能带来更低的效率。

中国在医疗体制、公立教育方面的积弊已经逐渐显露，而欧美地区更是坏榜样。为了一个手术而排期几年者大有人在，得了小病去看医生，公立遥遥无期，私立费用昂贵得令人咋舌。政府在公共医疗上投入巨大资源，医生执业资格要求过于苛刻，约束了不同层次的医疗服务的提供。还有就是法规上对患者过分的保护，一个意外事故可能会被索赔几百上千万美元，律师、诉讼是很大的交易费用，这明显推高了医疗的价格。

中国经济改革的下一步，应该是避免行政行为对市场的过多干预，减少以前惯用的“左调控右调控”现象。这才是一剂会使中国和全世界受益的良方。

市场缘何落得个“无妄之罪”？

市场是一种用钞票投票的制度。钞票是交换媒介，那些提供优质商品和服务的商家，会赢得市场。一般而言，与其他制度相比较，商家认的是钞票，而不是职位、官衔、肤色、种族、年龄等因素。也正是这个原因，与其他制度相比，市场制度节省了不少租值耗散。

当然，这并不是说市场之下就不会有其他因素的影响了，商家的某些做法，容易引致歧视的争议。某餐厅同一款套餐，你花了 100 元，他使用了餐厅之前派发的优惠卡只花了 80 元，你可能会认为自己受到了歧视。另一种情况，你和他同时在一家餐厅等位，他先被招待了，你也可能会有受歧视之感。

前一种做法在经济学上叫作价格歧视（或者价格分歧）。价格歧视是经济学上老生常谈的话题，指商家通过不同的价格策略，尽可能地榨取消费者盈余。而传统上喜欢用需求弹性系数来分析其原因，意思就是说，你爱好西餐比他多一点，价格涨了点也不太可能减少消费。他呢，稍微涨价可能就不吃了。那么餐厅就可以对你收取高一点的费用，而对他少收一点钱，这样两者的钱都赚到了。

这种分析逻辑是可以理解的，有些人对某商品特别喜爱，价格在某个区间内变动对其消费量影响不大。问题的关键是如同张五常教授在《经济解释》中所认为的那样，以需求弹性系数不同来解释价格分歧是一个没有验证过的理论假说，因为真实世界的弹性系数是难以观察及量度的。而商家要推行价格歧视并不容易，必须有信息费用的辅助，还要有空置资源。

而后一种歧视，就是以价格之外的因素区别对待消费者了。比如，之前一则新闻就很有意思，据外国媒体报道，法国的一家餐饮集团遭投诉审美歧视。该集团旗下餐厅前雇员向媒体透露说在带顾客进店的时候，会把相貌好看的客人安排在好位置。

如果说，餐厅针对不同消费群体实行价格歧视是为了最大限度取得消费者盈余，那现在是给貌美者优等座位，餐厅这样做有什么好处？在现实中可以见到类似的现象：给常客、熟人好的座位，还给那些可能带来更多生意的人更好的招待。比如一家企业的后勤负责人去某餐厅吃饭时，经理出来招待，免费给予包间，原因是这个人有权决定公司年饭在哪里吃。

但是报道所说的餐厅刻意给貌美者好座位，就令人费解了。如果真是这样，这个餐厅明显是赶客的做法了。貌美和貌丑两端者是少数，争议不大，但多数人相貌一般，餐厅的容貌歧视做法，会让多数人望而却步，长远来看这样做的餐厅会被市场淘汰。问题是，这家餐厅真会为了自己的审美偏见而刻意歧视容貌丑的消费者吗？

实际上，这是一则故意引发读者误解的报道。因为后面还有说明，就是长相好的客人会被带到既容易观景也容易被看到的桌子边，还有就是名人则不管美丑都会被带到优等座位上。这就是关键之处了，顾客被带到的其实并不是容易观景的好座位上，而是容易被看到的位置，只不过这家餐厅景观好的位置恰恰也是容易被看到的位置而已。

有些餐厅好的座位是在中间位置，门口就可以看到，服务方便，而差一点的是角落位置，空间较为逼仄。另外有些餐厅则相反，好的位置曲径通幽，容易看到风景而且不易受到干扰，明星艺人光临时也会挑这些位置。这两种不同是和餐厅所在位置和装修布局有关的，而新闻报道里所说的餐厅显然属于前者。

顾客走入餐厅，如果看到的多是邋遢、不修边幅的人，就可能会打退堂鼓。从餐厅的角度来看，把不仅是长相好看，还包括举止、谈吐、穿着优雅得体的顾客安排在显眼的位置，可以提升餐厅的品位等级。如果有绝代佳人光顾，坐在显眼的位置，会应者如云。这些做法本质上是为了提升餐厅的租值，问题是容易惹来人权方面的指责。

这也是市场的复杂所在。市场虽然是公平的，认钱不认人，但不代表对所有消费者都一视同仁，其价格策略是千变万化的。还有，世上诸人都有各自的品味和审美，而这些品味和审美会影响市场。这些因素都有可能让人觉得是歧视，侵犯了人权，而让市场落得个“无妄之罪”。

企业家精神与责任有何关系?

此前，柳传志、马云等人的言论曾在媒体掀起一场关于企业家精神和责任的讨论。柳传志认为企业家应该在商言商，不谈政治，这甚至在一个企业家社交网站上引发风波，有人愤而退出。而另外有一些人则认为，企业家不应该仅仅做好企业，还应该负担起更多的社会责任。

时任万科董事会主席的王石无疑是其中一位，他认为企业家要回馈社会，把企业家的才能用在公益事业上。他说起一件事，一次他响应国际环保组织号召发起拒吃鱼翅倡议，而他的一位企业家朋友拒绝签名，说酒宴应酬难免会碰到。王石因此评论说："在拒吃鱼翅这件事上，他没有展现出自己的企业家才华""企业家除了要相信自己是值得人们尊敬的，更需要以企业家的方式为社会提供价值"。

王石说他这位朋友在企业产品、技术和管理上卓有成绩，但是却不愿意签名拒吃鱼翅，是怕可能在酒宴应酬时得罪人。有意思的是汶川大地震时，万科因王石"不要让慈善成为员工负担"的话卷入舆论中心，而正是从那时开始，在对待舆论的态度上，无论是王石还是万科都明显变得谨慎起来，之后王石也逐渐把自己的主要工作转到了社会慈善公益之上。但我认为，王石是在“学聪明”的同时，自我角色也转变成了与以前抨击他的那些人一样。

其实我不觉得拒吃鱼翅和公益会有什么关系。在某些动物保护组织眼里，食用鹅肝、狗肉等食物，都会被他们认为是不道德行为。相反，组织网友围堵甚至攻击狗肉店、到高速路拦截运狗车却会被认为是一项公益行动。“公益”二字如果不着眼于人，很可能会变成一个侵犯个人权利的道德幌子。

这让我想起之前柳传志一段引发不少批评的话：“我们如果现在就一人一票，大家肯定赞成高福利、分财产。还保护什么私人财产，先分完再保护，完全有这种可能。它会一下把中国拉入万劫不复的场景。”这话其实包含着对市场和私产保护的深刻洞见。不少人喜欢高谈阔论民主，包括一批企业家，然而他们不知道民主的本质是投票，市场的本质是钞票，两者其实是背道而驰的，缺乏宪政制度保护的民主很容易戕害市场。

柳传志所说的在商言商四个字，其实是承接了他之前所说的，企业家精神不在于他在企业和产品之外说和做了什么，而在于他为市场提供了什么产品。这便是熊彼特所说的“创新就是企业家的主要特征”。这些创新包括新产品或者产品新特性，或者是生产方法、市场、供应来源和组织几个方面的创新。

至于企业家创新的动力来自何处，熊彼特认为企业家创新的动机是为了满足个人需求，然而所谓的个人需求可以无所不包。有些人或就是为了发财致富，有些人或者是希望通过企业的成功获得社会名望和权力，又或者仅仅是征服的冲动，满足于创造带来的欢乐。

那些全身心投入到产品和市场创新的人，即便他们的动机是为了私人财富，但他们同时是为社会做出了巨大的贡献。因为要维持企业发展和壮大，就必须在产品和市场方面下苦功。或者是创造新产品，出他人之所未有，或者是挖空心思降低成本，赢得市场。企业家竞争的结果，是市场的繁荣、供应的增加和价格的降低。

比如马云创立淘宝，探索出解决市场诚信问题的支付宝模式，使大量面对面的交易转到网上，这些都是创新。创新的结果，是大大降低了人们搜寻产品的时间成本，降低了合约达成的交易费用。还让无数人可以在家工作，当中一些很可能是身体残疾者，他们也可以自食其力。这比直接用金钱扶助他们显然让他们更有尊严，也更有效率。

并非说慈善公益行为无意义，问题是把企业家精神和这些扯到一块，甚至认为那是企业家的基本要求，则会适得其反。所谓仓廪实而知礼节、衣食足则知荣辱，一个有良好的市场秩序鼓励企业家创新的社会不可能是一个自私冷漠见死不救的社会。对企业家提出太多与产品无关的要求，其实是舍本逐末的行为。

从明星编程员被开除说起

美国一家知名基础设施公司的程序员鲍勃，为人温和友善，工作质量良好，提交的代码整洁、及时，月薪高达六位数字，连续多个季度被其所在的公司评为明星编程员。

这样一位优秀员工最后却被炒鱿鱼了。因为他被调查出将其工作外包给中国沈阳的一家软件公司，外包费用仅仅是收入的两成左右，而省下大量的时间用于网上购物、看视频、上社交网站。不但如此，他还从其他公司接私活，再转手外包，大赚一笔。

鲍勃是聪明的，相同的工作，别人去做成本更低，他选择了将工作偷偷外包给中国公司。对其所在的公司来说，工作按时完成，表面上似乎没什么损失。然而，如果仅仅为了完成代码工作，鲍勃的公司完全可以以公司的名义将工作外包出去。

通信技术的迅速发展意味着成本的降低，IT 服务业外包也发展迅速，印度就承接全球 65% 的软件外包市场业务，被称为“世界办公室”。因其曾经是英属殖民地，官方语言是英语，故此受过高等教育的印度人基本都会读写流利的英文。这种共同的语言基础大幅降低了和欧美等国的交易费用，使其成为重要的外包业务承接基地。

相同的工作在不同的国家收入迥异，这和国家发展程度有关。美国是发达国家，两三百年的资本主义社会积累了大量财富和经验，民众收入也较高。换句话来说，也等于是劳动力价格相对昂贵。而中国改革开放只有几十年，财富积累不如美国，但全球化使世界更加扁平，不同发展水平的国家偏向选择本国具备比较优势的产业，并互通有无。即便是同一行业也可以通过拆分组合细化分工，而部分分工会外包到其他国家。

比如美国一些大型通信公司纷纷将电话客服业务外包给印度，美国的消费者打服务电话时，将直接由印度的客服工程师接听。很明显，这些企业通过外包服务大幅降低了成本。有些人表面会因此受损，比如外包之后这些公司会减少本国雇员数量，但是，最广泛的受益者还是美国人自己，他们购买相应产品的价格会降低。

有工会团体因此组织游行抗议，认为这削减了本国的工作机会。在政治压力影响之下，某些外包业务会被终止，而这些雇员显然是享受了政治租值的。消费者是沉默的大多数，他们理应问一句：我们真要花费那么多的钱在不需要多少技术含量的电话客服身上吗？

至于鲍勃所在的公司没有选择将代码业务外包的原因，应该主要是基于保密性等方面的考虑。鲍勃将自己的活私下外包给其他公司，这是违反了协议的，而他本身和中国公司达成的协议，是对原来正式合约的侵犯，不受法律的保护。他不劳而获，而公司承担了泄密的风险。

贸易保护主义的救命稻草

近两百年前，英国政府推出新的《谷物法》，规定在国内粮价没达到某个价格前不能进口。这种政策大大削弱了工业的竞争能力，李嘉图适时提出了著名的比较优势理论，认为英国在纺织品生产上所占的优势远比在粮食生产上大，故应该专门生产纺织品。一般认为，这是《谷物法》后来被废除的理论依据。

比较优势原理简单，本质就是成本的概念。如果你把成本理解为绝对成本，也就无法理解比较优势。律师一分钟可以打 100 个字，但他会雇用一个一分钟只能打 80 个字的打字员，那是因为他当律师可以赚得更多。他打字的成本，要从做律师的收入来看才是正解。

推而广之，两个原本独立的经济体，如果允许自由贸易，因为比较优势不同，两者都能增进彼此的福利，这是支持自由贸易和全球化的理论基础。在全球化和自由贸易基本成为共识的今天，贸易保护主义者的各式理论都岌岌可危，因此当他们看到萨缪尔森 2004 年发表于 JEP 学报的一篇文章里有“自由贸易”“可能损害美国利益”的字样，便顺手捞来作为救命稻草，不禁令人嗟叹。

周其仁教授转述萨缪尔森的观点，说自由贸易有可能会损害一个国家的利益，逻辑是这样的：如果两个国家从封闭状态转向互相贸易，因为比较优势不同，互相有利。但是，如果其中一个国家原本不具有比较优势的产品取得技术突破，这个国家就会减少甚至停止进口原本不具备比较优势的这种产品。比如美国制造飞机有优势，中国生产衬衫有优势，中国如果造飞机技术进步大，就会自己制造飞机了，到了一定的程度会停止进口飞机，美国也只好自己制造衬衫，这等于回到了不贸易时候的境况，因此美国会因为中国的技术进步而受损。

我不知道贸易保护主义者如何从中得出自由贸易可能永远损害一个国家利益的结论的。即便按照上述逻辑，由于一个国家在某方面的技术进步导致比较优势相同，可能不再互相贸易了。如果这便是最坏的情况，一开始就不贸易，不就是永远都处于最坏的境况了吗？萨缪尔森自己也说了从他的分析中并不能得出应该还是不应该采取选择性的保护主义的结论。

至于萨缪尔森所说的一个国家的技术进步是否会损害另一个国家的利益问题，逻辑上的确会存在。比如世界上只有两个人，其中一个人会生产粮食，另一个人什么都不会，只能帮另一个人打工，换取粮食。现在不会种粮的那个人忽然掌握了技术，自己一样可以生产粮食了。他就不需要帮人做杂工了。你可以说，原本会生产粮食的那个人“受到损害了”。但从总体来看，粮食产出更多了。

中国如果从只会生产衬衫到也能造大飞机甚至不需要买美国

飞机了，美国消费者就享受不了以往价格低廉的衬衫。但是，世界上飞机的产能因此增加了，运输费用会下降，美国人从另一个方面会有收益。

这个世界是由无数的人组成的，有无数复杂的资源和产品，也随时在变化。抽象地以两个国家、两种商品来比较，很可能会一叶障目不见泰山，只看到受损者没看到受益者，只看到受损的行业没看到受益的行业。有人从中总结出所谓的等优势或等劣势贸易模型，认为这是比较优势的硬伤或者死角，殊为可笑。正是市场和自由贸易使我们每个人的生活更为缤纷多彩，故此更应该从个人的角度而非国家的角度来看比较优势，全球化的结果是选择范围的扩大和个人权利的增进。

经济危机与计件工资

2008年，经济危机席卷全球，对国内中小企业来说，这是惨淡经营甚至度日如年的一年。而这种感觉到了2011年中后期又再次出现。用工成本大幅提高，人民币持续升值，加上欧美债务危机影响，订单减少。大量中小企业感到资金紧张，民间借贷利率高企。

与此同时，提高最低工资标准的呼声与日俱增，劳动合同法的执行力度也有收紧的趋势。因为这些劳动法规的具体内容，包括不断提高的最低工资标准、十年以上工龄不能辞退、强制购买社保等，实际上对中小企业广泛采用的计件工资合约的影响很大。

计时工资和计件工资是中小企业普遍使用的两种工资合约模式，企业如何选择，取决于具体工种里的信息费用。

曾经与一位亲戚聊天，她说最近去一家摩托车厂工作，工资固定，加班费按时计算。这是比较特别的了。我马上问她："你是在流水线工作吧？"答案当然是肯定的。她做的是摩托车装配的流水线，每小时有固定数量的零件流过，工人各自负责自己的工序，要在规定的时间内完成，提早完成的可以稍稍休息一下。这是产品和模式相对固定的企业，工序变化不大，上下工序结合紧密，讲究团队效率，也就是所谓的木桶原理，团队效率等于工作效率最低的那个人的效率，企业管理者会把效率相近的人安排在同一组。在这种模式下，个人的工作速度和质量容易通过同组人的互相监督来考核。

加工企业更多情况下选择的是计件工资。这些企业规模和设备有限，工人素质参差不齐，而加工的产品也五花八门，并不固定。通过计件工资合约，能有效鉴别工人的工作效率，并且根据其效率分配不同的设备，达到最优使用。这是因为工厂有固定的成本，包括占用机械设备。单位时间完成更多的产量，无疑单位产出耗费更少。因此有些工厂会对超额的产出给予递进式的薪酬回报。而这样的合约也降低了工人的进入壁垒，在技术尚未过关时，他们可以少拿一些工资，边学边干来积累经验。用宏观一点的话语来说，这样有助于减少失业。如果存在一个法定的最低工资标准，那么初学者会被歧视，难以找到工作。

西方的经济危机也能给我们一些借鉴。那里约束自由雇佣合约的压力来自工会。以美国为例，近百年前通过的《克莱顿法》，使工会免受《谢尔曼法》有关反垄断规定的限制，后来又通过其他条例和法案对劳工组织侵权行为免责，禁止雇主干预工人组织工会，甚至曾有劳工联合会、产业联合会的官员担任最高法院法官。

工会由此获取了非常大的政治权力。比如，很多公司签订的雇佣合同都包含了“生活指数调整”条款，以保证工资能跟随通胀自动上调。可当经济不景气时，资方要向下调节薪酬却几乎不可能。另外，一些行业禁止计件工资合约，认为工人生产效率高时企业会降低其分成而剥削工人。

这里既有错误的知识，也有平均主义鼓励好吃懒做的流弊。在经济环境转差时，如果工资合约不能灵活调整，企业很可能就会因为成本过高而关门大吉，百年老店通用汽车的破产就是一个例子。失业率会因此显著增加，而市场投资也会受到打压，财政赤字加剧，政府不得不开动印钞机，通胀也因此加剧，陷入恶性循环，经济因此受到沉重打击。

归根结底，美国的工会约束了合约的结构，造成难以由市场自动调整的“工资刚性”。在如今不容乐观的经济环境下，过度去干预工人和企业主的合同条款，无异于自缚手脚，压制了企业家的创新精神，约束了市场的自我调节能力。而实际上工人的处境和企业主是荣辱与共的，他们境况的改善靠的是自由市场而非政府的一纸法令。

跳出个税看个税

我国的个税征收标准调整过多次，最近的一次，免征额提升至 3500 元，这无疑会减少大多数工薪阶层的税收负担，然而起征点的争议依旧众说纷纭。

对个税的征收原则和具体细节，不同收入的人会有不同的诉求。低收入者或希望加大对高收入人员的征税力度并补贴给低收入者，中产阶层希望提高起征点。因此有不少人希望参考美国的个税模式，包括具体的税率安排、考虑不同的家庭结构及收入来计税、对低收入者予以补贴等政策。

这些建议忽视了中美税制的不同。中国的税制结构是以间接税为主的，也就是营业税、增值税、消费税、关税等税收占据了大部分比例，而个税只占总税收的一小部分。比如 2015 年全国个税收入总额约 8618 亿元，只占全国税收总额 11 万亿元的 7.8%。而在美国，个人所得税是联邦政府最大的收入来源，每年约占联邦政府收入的 45% 左右。

在我国，商品生产和流通环节的税收才是大头。这种间接税大多是针对企业征收的，一般人对此不会很敏感，也正因此具有一定的“欺骗性”。比如，有媒体统计过，一瓶进口葡萄酒身上有三种税，包括 14% 的关税、10% 的消费税、17% 的增值税。而 2011 年一季度涉及进口商品的税收高达 4396 亿元，占税收总收入的比重高达 18.8%。与此同时，外汇储备突破 3 万亿美元。这两个数字是相关的，里面有重商主义思维的阴影。因此，呼吁降低这部分税收，其实比过度关注个税更为重要。

当然，在间接税占较大比例的情况下，个税的征收应该奉行尽可能从简从小原则。即便在美国这样以直接税作为最大税源的国家，一般工薪阶层的税负也不大，一个年收入 4 万美元的中产纳税人，他实际缴纳的联邦个人所得税只是收入的 10% 左右。考虑到分税制的背景，把个税交由地方政府处理，根据不同的地区情况自行制定和收取，应该更能体现公平与效率原则。

虚无缥缈的效率工资

一位外号为“ET”的仁兄任职某国企人力资源部，工作清闲，收入不菲，喜好跟人辩论。这天，ET振振有词，说中国不能老是作为全世界的工厂，赚得不多，付出不少，劳动密集型的现状一定要改变。而要达到这个目标，首先要做的是提高工人薪酬，工人的薪酬提高了，他们会更努力工作，有助于产品质量的提升和中国经济的顺利转型。

我在一边寻思，ET一定知道效率工资这个词语。

所谓效率工资，是指企业支付给员工的工资高于市场出清工资的水平。因为存在着信息不对称，所以雇主不能完全知道雇员工作的努力状况，对工人的监督也需要成本。如果职员得到的只是出清工资，就意味着他离职之后，可以在很短的时间内就能找到一份同等待遇的工作。如果雇主支付的工资较高，辞职了不容易在短期内找到类似的工作，雇员就会付出更大的努力，保住饭碗。也因此，雇主可以通过提高工资水平来提高员工的工作效率，这等于降低了成本。

广为他们引用的一个案例，是20世纪初福特汽车公司的故事。在大多数公司给工人两三美元日薪之时，福特公司给出5美元，吸引了大量求职者，而原有职员对公司的忠诚度上升了，辞职率和解雇率大幅下降，生产率也得到了提高。也就是说，福特通过支付给工人更多的薪水，赚了更多的钱。亨利·福特说："我们想支付这些工资，以便公司有一个持久的基础。我们为未来而建设，低工资的企业总是无保障的。为每天 8 小时支付 5 美元是我们所做出的最好的减少成本的事之一。"

现在也有类似的故事，比如谷歌对员工提供了很不错的工资待遇，网络上就流传着一些细节，为不少人津津乐道。他们的感触是和 ET 一样的：谷歌通过提供好的待遇，刺激了员工，等于提高了他们的不努力工作或者离职的成本。因此，工作效率得到很大提高，谷歌发展成为世界上最有影响力的网络公司。

事实上，曾经有好几位获得过诺贝尔经济学奖的经济学家，从事过效率工资的研究，例如 2001 年获奖的阿卡诺夫和斯蒂格利茨教授。而效率工资的发端，根据张五常教授的阐述，来自他 30 多年前一篇关于电影院票价研究的文章。

张五常教授当年实地考察香港电影院的售票情况，得出一个结论，认为优质座位的票价偏低。意思是说，本来价格可以卖高一点，取得更多的门票收入。这个结论是可以被事实所检验的，因为优质座位的票先卖完了。跟着问题来了：为什么影院不提高优质座位的价格，取得更高收入？张五常得出结论，他所观察的那些影院，不同等级的座位之间流动方便，监管困难。观众很可能会购买票价较低的座位，而入场后转去优质座位看电影。故此，商家通过压低一点好座位的价格，先把这类座位的票卖出去，让买这类座位的人去监管，是节省了监管费用的。但是，如果不同等级的座位是物理隔开的，导致监管费用会大幅下降，商家就不会降低价格销售优质座位门票了。

电影院票价案例是来自真实世界的，而吸引 ET 并为许多经济学家日夜研究用以解释失业的效率工资，现实之中其实是无从观察得到的，因为出清工资是多少无从得知。一些公司提供行业内较好的待遇，他们是希望吸引更高素质的人才，能在市场竞争中胜出。ET 所认为的通过提升工资来提高效率甚至进行产业升级，建立在虚无缥缈的效率工资基础上，是经不起逻辑的推理和现实世界的考验的。

租税之辨

最近几年，本土电视台新闻模式有所变化，主持人在报道新闻之余，喜欢加上自己的评论，又或邀请一些公共人士作评，抨击时弊为民请命的形象深入人心，几位粤语新闻主持人也因此街知巷闻。我却对此感到担忧，这些主持人影响日甚，却缺乏基本的经济学素养，容易误导民众。他们的评论风格都近似，不外乎“商家乱收费，政府要加强监管，尽量加大公共资源的投入”，诸如此类，从高速公路收费、私立幼儿园学费，到便利超市、经济适用房建设，无不如此。

高速公路、幼儿园学位、房子等，这些都是资源，因竞争而有价，属于租的概念。而呼吁政府加大公共资源投入，其实和呼吁政府加税无异。这恰好颠倒和混淆了租税本来的应有之义。

这种混淆其实有着古老的传承。租起源于地租，因为土地稀缺或者土质肥沃程度不同而产生。如果土地无限，土质均等，如明月清风，取之无禁，用之不竭，则无租可言。租反映的是稀缺与差异，从土地扩展开来，珠宝矿物、机器设备、地理环境、容貌才华，均有租值。一块小石头，随处可拾，价值无几，但如果是田黄石，则身价何止万倍。一位女子，天生绝色，可以倾国倾城，千金难争一顾。

而税是国家强制收取的包含安全保卫和公共服务等在内的管理费用，军队、警察、法庭等均需开支。现在的小区物业管理，就近似这个概念。物业负责小区保安、环境卫生保洁、花草美化等工作，税正可看作国家收取的“物业管理费”。

封建时代，天子分封，诸侯建国，普天之下莫非王土，租和税是很难分清的，《广雅》便云：“租，税也。”租税的明晰过程，其实就是私有产权的明晰过程。也就是说，当一部分贵族甚至平民拥有了自己的土地后，他们交给国家的，则可以称为税了，而承租他们土地的佃农，每年交给他们的则是租金。南宋李心传《建炎以来系年要录》记有“自己之田谓之税，请佃田土谓之租”，正是此意。

租因稀缺而起，有租的存在，无论是否垄断，是否存在形形色色的管制，按照价格分配，仍是最有效率的规则。无关如今油价多少，也无论中石油、中石化这样的国企是否涉及行政垄断，租已存在，许许多多人的出价就是市价。价格管制吗？好处不会落到消费者那里去，而是会散失在排队的人群中。而消除行政垄断，减少权力管制很正确，但那是另外一个话题了。

而政府税收方面，应该遵循从简从小的原则。税率过高，过于复杂，为政府规模进一步膨胀和权力扩大提供了支持。并且，根据拉弗曲线原理，税率减少不一定导致总税收减少。因为税率降低，会刺激经济活动，企业投资会增加。在过高、过于复杂的税收体制下，无论是从政府作为守夜人的朴素思想出发，还是从税收效率出发，如何呼吁减税都不过分。

但如果政府收取的是资源的租金，就应该按市场价格运作，不应该管制。一般情况下，税收是现代政府的主要收入，比如在美国,联邦政府收入的 45% 左右来自个人所得税。当然也有例外，有些国家或者地区租可能反而是政府的主要收入。近于零关税、有着自由港美称的香港就是这样，政府主要收入不是来自税而是来自土地租金，即所谓卖地收入。政府是“地主”，但土地价格完全市场化。

坚持认为资源（和是否存在垄断无关）应该按照价格进行分配的观点，被一些人讥讽为“涨价经济学”和权力帮凶。这些人其实正是分不清租税之别，但凡有政府之处，便认为市场已经失效，因此没有了价格。他们和那些以民意自居的主持人其实没多少区别，知识的缺乏是随意言论的根源。辨清租税之别，有助于消除认识上的误区，也容易看清楚许多为民请命的言论，后果其实是祸国殃民。

狮城 CEO 李光耀

说来惭愧，我对新加坡这个蕞尔岛国一直知之甚少，早期甚至因为他们的组屋政策、鞭刑以及媒体动辄“国父”的称呼有些反感。而最近几年，在写作有关香港和台湾地区的经济评论文章之余，时不时会看到新加坡的经济数据，无论是 GDP 增长速度还是人均 GDP、港口吞吐量等都高居世界前列，而且城市治安、市民文明素质都可圈可点。这多少消除了我的一些无知和偏见。

李光耀去世，举世关注。而我也多了点好奇，新加坡被迫独立建国时的人均 GDP 仅仅 500 美元左右，华人占多数，还有马来人、印度人等，种族冲突矛盾随时有爆发升级的可能。因为是分出来的一小块地方，连淡水供应都是严重依赖原来的所属国马来西亚。

而到了李光耀卸任总理时的 1990 年，新加坡经济增长了 20 多倍。据 2017 年公布的数据，其人均 GDP 接近 5.5 万美元。这般成绩是如何取得的？我在网上找到了李光耀回忆录，用了差不多两个晚上快速看完了近 40 万字的下部《经济腾飞路》，不禁“掩卷”慨叹，新加坡有此人，幸甚至哉！

批评的声音其实不绝于耳，而且有各种派系的批评。民主派批评其独裁，压制言论自由，而自由市场派也批评其管得过多，例如组屋制度属于走社会主义路线。该如何理解李光耀和他一手打造的新加坡呢?

在李光耀的回忆录中，我看到他具体的一些施政路线。例如一开始设法对外开放，引入欧美科技和企业管理知识。新加坡政府做好铺垫，修建基础设施，包括工业园区基础工程建设，做好公路、污水、供电供水处理。

引入外资，必然会冲击原有的本地工业，李光耀政府在这点上毫不退让，取消了对本国企业的保护，并且让一些事业单位也摆脱政府部门控制，独立运作。“我们毫不犹豫地做出了取消保护性关税的决定，让装配厂关闭。随后不久，我们也逐步停止保护冰箱、冷气机、电视机、收音机和其他电气与电子消费品的装配厂。”“我们让国营垄断机构例如公用事业局、新加坡港务局和电信局独立运作，摆脱政府部门的控制，像公司一样以讲究效率、营利和竞争力的方式经营。”

即便在发生石油危机的 1973 年，李光耀向石油公司发出明确信息，不会做任何阻止其石油出口的干预。这样不计较一时得失的做法赢得了国际资本的信心。20 世纪 90 年代，新加坡成为仅次于休斯敦和鹿特丹的世界第三大炼油中心，以及世界第三大石油交易中心。

为了降低投资者和政府不同部门打交道的交易成本，1961 年 8 月新加坡成立了经济发展局。土地、供电供水、环境等问题一站式服务，不必跑来跑去跟多个部门打交道。我有些怀疑现在中国不少地方政府设立的行政总汇，可能就是从新加坡取经而来。

对待工会问题，李光耀也有清醒的认识，他认为工会的行为只会迫使雇主走资本密集路线，尽量购买机器，减少雇用工人。最后只会导致小批享有特权的工会会员领取高薪，而失业者会越来越多。

新加坡这种城市小国，其实很容易走入卢梭主张的那种城邦直接民主制，因为搞一人一票的投票成本很低（当然，这里仅仅是指表面的投票成本，不是指制度费用）。但这样新加坡必将陷入民主的内耗中，不会有如今的成就。新加坡的成功，可以说是把整个城市国家当作一家企业来经营的成功。

上面所说新加坡的一些经济改革措施，我们很容易从其他地方找到类似的例子，比如里根总统时期的美国、撒切尔夫人时期的英国。但也有某些独特的地方，这和新加坡的地理位置、国民构成、国土面积等有关。相对来说，政府似乎在某些环节管得较多，这也是为市场派诟病的原因，而其中的组屋政策就是典型。

新加坡建国时人口 200 万，约 40% 住在贫民窟和窝棚里。为了解决居住问题，在更早之前新加坡政府就成立了隶属于国家发展部的“建屋发展局”，建屋发展局可以无偿得到政府划拨的土地，建造组屋的资金则主要通过向政府举借，用低息贷款获得。

这种房子还是以售为主，政府在土地和利率上给予优惠。因为国土极其有限，建国初期更面临诸多困境，政府通过这种模式把市民和国家绑在一起。而房屋的维护运作、日后交易都是市场化的，这和我们平时听惯的廉租房有本质的区别。如今超过 80% 的新加坡市民就住在这种房子里，更有钱的会出去购买公寓。入住这种房子以及享受低息贷款，实际上是作为“新加坡公司”员工的一种股权获得和分红。

对组屋制度，李光耀在回忆录中这样谈起他的构想：“我早就在想，如何建立每个公民跟国家以及国家前途之间的利害关系。我要建设一个居者有其屋的社会。人们购买住房和租赁组屋的态度形成强烈的对比。屋主为能购买住房而感到自豪，而政府津贴的廉价租赁组屋则被严重滥用，维修也差。这使我深信，如果每个家庭都有自己的住房，那么国家将会更加稳定。”

李光耀当然完全称得上是一位杰出的经济学家，但我认为说他就是新加坡这家大企业里的 CEO 更为恰当。整个城市国家如同一家企业般经营，引入外国资本和技术，开放市场，讲究信用，同时坚定立场，不屈服于工会势力。为了维护整体租值，保持城市洁净和秩序，改变市民的陋习劣习，他毫不妥协地出手。

例如，他禁止了放鞭炮这个长期延续下来的华人传统习俗，明文规定是犯法行为，而且还完全禁止了鞭炮进口。1992 年接替的吴作栋总理更连口香糖都禁止了。甚至为了防范相同种族市民聚居带来的隐患，1989 年政府还规定了同座组屋少数种族居民数量的最高限额，一旦达到限额，少数种族家庭就不能再申请购买同一个邻里的组屋单位。

在更多的细节上，我看到煞费苦心的策划和布局，例如以海沙填河岸，引入不同种类的植物，为了适应新加坡条件而引入合适的工业种类。李光耀解释说："在其他城市，经济情况较好的人可以搬迁到干净和翠绿的郊区，远离城市受污染的地带，新加坡的土地面积却迫使我们在同一个小地方工作、休闲和居住。所以不论是富人还是贫民，我们都必须为他们保护环境，保持清洁和优雅。"

而他对国家福利主义和民主投票更有深刻的认识。1985 年撒切尔夫人访问新加坡，李光耀私下对她说过这样一番话："制造财富的人是社会中的宝贵分子，他们值得我们尊敬，并且应该有权保有他们大部分的耕耘成果……英国留下来的种种我们善加利用：英语、司法制度、议会政府和公正的行政管理。然而我们却竭尽所能地避免走上福利国家的道路。"

香港回归前几年，彭定康宣布将扩大工商、专业和其他特殊利益团体等功能组别的选民人数，使功能组别代表的所有雇员都成为合格选民。李光耀在香港和彭定康会面，在一番客套话后，私下予以提醒，认为把原本只包括专业人士或法人的功能组别范围无限制地扩大的做法是背离功能组别的原意的。

是的，选民局限在有限范围的专业人士处，这本身就是对民粹政治的一种约束。而英国撤离香港前，大幅提高公务员、学校教师待遇，通过扩大功能组别范围方法玩民主游戏，为香港埋下了福利主义和民粹政治的种子。实际后果我们今天也完全看到了。

因为华人占大多数，所以人们难免会将新加坡和中国相比较。话说回来，新加坡面积不及中国的万分之一，中国面临的问题和困难会更多，不可能按照新加坡这种中央政府面面俱到的模式处理。但如果把新加坡和中国的一个权力单位“市”来比较，倒是比较合适的。那么，当局者应该明白，让地方政府拥有更多的自主权和自由度，促进地区竞争，这很可能会在经过了 30 多年波澜壮阔改革的基础上，催生出千百个繁荣文明的“新加坡”。

在一些人眼里，企业和国家是扯不上关系的两个概念，实际上无论企业还是国家，其本质都是合约的组合。但不同的国家面临不同的局限条件，种族问题、工会问题、形形色色的利益团体问题，特别是所谓的西方普适价值观影响，这些都增加了治理的困境。政治家的改革要将管理层的利益、大多数国民的利益和增进整个国家的租值方向大致保持一致，何其难矣。李光耀的杰出之处，就是从建国初期就已经做相应的策划了。

一手缔造了富裕、安全、文明的新加坡的李光耀去世了。并非说他的所作所为没任何值得斟酌的地方，但是，这样一位长时间、大幅度促进新加坡经济进步和城市繁荣的政治家，无论质疑者如何否定甚至攻击，他的成绩与荣誉就摆在那里，永记史册。

国贫国富

我们知道，现代科学的进步带来前所未有的方便和快捷，也极大程度提升了人们的生活质量。然而，仍然有一部分国家或地区，那里的人并没有享受到多少现代文明带来的好处，很多人甚至还是过着衣不蔽体、食不果腹的生活。让我印象深刻的是，曾在电视上看到一位主持人的感叹：十年前我去过这个地区，如今再去，他们除了岁数和容貌外，并没有什么改变。

有些人认为这是因为他们缺乏资金，故此设法帮助他们。穆罕默德·尤努斯无疑是最著名的一位，这个曾获得经济学博士学位的孟加拉国大学教授，开创和发展了“小额贷款”服务，专门提供给因贫穷而无法获得传统银行贷款的创业者，而他和他创办的孟加拉乡村银行因此获得了2006年诺贝尔和平奖。

而穆罕默德·尤努斯此前在中国接受采访时，说了这样一番话：“我整日研究的经济学理论，面对这些穷人的现实境遇，显得那么苍白无力。我第一次感到，无视贫困、无视真实世界中人的痛苦与愿望是经济学的失败！不能用经济学知识去帮助穷人消除贫困是经济学家的耻辱！”这段话，前一句是正确的，因为经济学并不能告知人们如何脱贫。而“不能用经济学知识去帮助穷人消除贫困是经济学家的耻辱”这句却让我明白了穆罕默德·尤努斯为何赢得的是和平奖而非经济学奖。

穆罕默德·尤努斯常说到的一个例子，是一个妇女从最开始借贷30美元开始，一步一步创办了自己的企业。这些个别的例子，我不应该质疑，然而我对这样的贷款，究竟能否大范围改变一个地区的格局、提升他们的生活水平还是存疑。那些人原本的贫困，仅仅是因为他们没有启动资金吗？

有一则流传甚广的传闻：有人去扶贫，买了羊羔送给农户，后来去回访，受赠者抹抹嘴说，味道还不错。很多人都转述过这个故事，带着“烂泥扶不上壁”的叹息。我却有疑惑：农家不会不知道，羊羔养大后能卖更多的钱。是否有其他的因素制约，他们决定宰而食之而非继续饲养？

我在海南政府网站一个关于扶贫的节目里得到了类似的证实。针对关于吃掉扶贫猪苗的传言，有知情者说确有此事，主要是因为那里的农民不懂得养猪技术，扶贫部门送来60斤的猪苗，他们养了一年后只有50斤，所以杀来吃了。

农民并非天生好吃懒做，由于信息的缺乏，他们并不具备某种专业知识，授之以鱼也只是暂时的果腹而已。孟加拉国的小额贷款，利率并不低，高达20%，如果原来的农民仅仅是缺乏资金导致贫穷，那为何资本家不介入？事实上，追溯历史，孟加拉国政治格局一直处于长期的不稳定之中，只有进入20世纪90年代才相对稳定。而也正是从那时开始，随着体制的改革，孟加拉国的经济也步入了稳定的增长期。

剑桥大学经济学教授帕萨·达斯古普塔写了一本名为《大众经济学》的书，以美国女孩贝姬和埃塞俄比亚女孩德斯塔两人不同的境况作为引子，探讨国贫国富的原因。在书后有这样一句：在我们试图理解为何贝姬的世界和德斯塔的世界的生活水准如此不同时，最保险的方法就是，把制度看作那个解释要素。如同林毅夫在为此书作的序中说的那样，一般人关注的资本、自然资源等仅是决定一个国家贫富的表层原因，而一个国家的制度安排是否能够最大限度地调动每个人的工作、学习、积累和创新的积极性，才是根本原因。

“制度”二字固然重要，但如果仅停留在此二字，那么一切问题都是制度问题，说了等于没说。而关键之处应该落实到合约之上，包括允许自由缔约，同时也要保护合约。自由缔约就是允许市场中的人，按照自己的情况订立合约。而同时，要有保护合约的法律制度，对违约者予以惩罚。这样才能给予人们对前景的一种稳定预期，投资、积累、创新才会有动力。

而最让人啼笑皆非的是某些人解释西方一些国家发达、工人收入较高的原因，是因为他们有工会，有最低工资法案保护工人权益。把这些破坏而非保护市场合约的制度解释为国富之因，和面对“为何刘翔能在2009年上海国际田径黄金大奖赛上夺得奖牌”这个问题，答曰“因为他受过脚伤，所以能夺牌”是一样的。

明日黄花比特币

弗里德曼教授的《货币的祸害》一书，开篇引述了石币之岛的故事。这个名叫雅浦的海岛不出产金属，石头便成为货币。他们从几百里之外的其他岛屿找到大石头，打造成厚重的石轮，用木筏运回雅浦岛，用来作为交换媒介。

而最令人称奇的，是有一户人家的财富从没人见过，是两三代之前的人传下来的，说那时这家人的先祖搬一大块石头回来，途中遇上风暴，石沉大海，众人所见，都承认这家人有这么一大笔财富，并且几代相传购买力一直存在。

这个故事不由得让人想起颇热的比特币。虽然比特币已经出现了近十年时间，但广为一般民众所知的还是因为2017年11月比特币价格暴涨至一万美元的媒体报道。

比特币刚出现时近乎一文不值，首次公开交易价格是3美分，而三年后就创下266美元的最高值，随后又暴跌六成。据Coin Market Cap.com的数据显示，截至2017年11月26日，比特币的总市值已经高达1600亿美元。比特币是虚拟电子货币，用开源P2P（点对点）技术软件产生，虽然经历暴涨暴跌，但还是被一些人赞许为最好的货币制度。

我认为这些人在比特币上寄予美好的愿景，是由于对现行货币制度的不满。比特币是货币吗？既然雅蒲岛能以一块或许根本不存在的石头作为货币，当然我们也可以这样认为。问题是这种毫无基础的虚拟电子货币会是一个好的货币制度吗？

看好比特币的人推崇其去中心化的特点，使用遍布整个 P2P 网络节点的分布式数据库来管理发行和在线交易，不像现代货币那般要依赖于政府和中央银行的信用担保。受到算法约束的比特币数量逐步增长，但增长趋势越来越缓慢，按推算大概会在 2140 年左右达到 2100 万个的极限。

在此过程中，新货币的发现要靠高性能的计算机日夜运算得来，名曰“挖矿”。分布式特性与去中心化的结构设计，确保了比特币的总量。和现在世界各国货币普遍由国家统一发行强制使用相比，比特币横空而出，总量恒定，无人能够控制，交易隐蔽，这些为他们所赞赏，甚至认为一劳永逸地解决了通货膨胀问题。

虽然比特币数量有限，但是人们完全可以用相似的算法创造出比特二币、比特三币或者张三李四币，恒定的仅仅是名叫“比特币”而已，这好比第四版的人民币发行数量也是恒定的，但我们不能由此认为人民币不存在通胀问题。

比特币最大的问题是它没有任何抵押物，没有根本性的信用依据。有人会说，黄金成为信用，还不是因为很多人信就可以了。雅蒲岛上的石头币，主要靠的是风俗的约束，人不多，和外界基本没什么交流，风俗便能约束得好。但现代信息化社会绝非一个小岛那样可以靠风俗来管理。

人类社会很长一段时间内普遍以黄金或者其他贵金属为货币，是基于对其价值认同的基础。当然，现代国家强制推行的纸币没有使用价值，但却是政府法定货币，无论你赞同与否，国家强制力也是信用来源的一种。没有国家强制力，也没有任何价值依据，比特币的竞争力在何处？

我们不妨看看银票的例子。银票发端于北宋初期，商人携带现钱不便，因此出现了专门帮人保管现钱的票号。票号根据收到的现金制作银票作为依据给商人，商人提现时支付手续费给票号。这个时期的银票其实并没有作为流通手段，仅是存取款凭据而已。

而这让一些票号看到了“商机”，滥发银票，挪用存款，无法兑现引发事端。后来是政府介入进行整顿，授予一批讲信誉的富商专营权。而政府也看中了里面“有利可图”，发行了官银票，私人发行的银票也并没消亡，比如清朝就同时存在官私银票。

可以看到，银票一旦超过抵押物大量发行，就会引发严重后果。政府发行钞票当然也一样，恶性通胀甚至会导致政权更替。历史上的私营货币难有大成，政府管制当然是一个原因，但根本性原因是解决不了大范围使用之下急剧膨胀的信用问题。我们当然由此可以推断，没有任何信用依据的比特币在货币史上终将是明日黄花。

名人隐私问题的本质是权利界定

曾有一段时间，各类媒体上诸事纷呈，你方唱罢我登场，很是热闹。先是某电视台上一个征婚节目成为城中热话，引发其他电视台跟进。继而有“打工皇帝”称号的唐骏学历被揭发造假，克莱登大学的闹剧引来口水一堆。后又有某电视台记者闯入郭德纲的住宅，引发其弟子和记者口角甚至肢体冲突。

正人君子会炮轰电视征婚的低级趣味，认为那是把原本属于私域范畴的事情曝光，何其低俗。亦有人为唐骏鸣不平，认为“吹皱一池春水，干卿何事？”唐骏的学历是否野鸡，方舟子等人无权质疑和干涉。

种种观点，指向的是一个词：隐私。字面上观之很简单，隐私是不需和其他人交代的个人私事。然而，实际当中并没望文生义那么简单，隐私问题的本质，其实就是权利的界定。

有一种错误的观点，认为权利是先验存在的。

首先，权利需要当事人自己的主张。不存在当事人自己不愿意保留的权利。你把一张百元大钞扔掉，不承认是你的，这百元大钞不会是你的财产。当然，这种主张多数情况下是“消极”的，即是说，除非主动放弃，否则拥有。

其次，权利不高于合约。从某种意义说来，合约就是权利的让渡和交换。比如相亲是私人的事情，然而如果当事人同意，那么完全可以变成一台面向公众的节目。因为实际上参与电视节目，等于和电视台签订合约，放弃了持有这方面隐私的权利，而取得其他方面的收益。也正如此，同一件事对某人属于隐私，但对另一个人很可能不是。某个明星去整容，八卦刊物的连篇累牍的报道，很难被追究侵犯隐私权。但如果是某个公司的白领去整容，媒体图文并茂报道了，那是吃定了官司的。这也是合约的原因。娱乐明星因为职业的特殊性，签订的合约也有特别之处。甚至身材、容貌、交际等看似是私人的事都会有具体的条款进行约束。谈恋爱是一种权利吗？不一定，和演艺公司签了合约的女明星，为了保持其在公众面前的纯情偶像形象，很可能被禁止在合约期间谈恋爱。

除了市场交易双方直接签订的合约，还有大量的习俗、惯例、法规，也是权利界定的衡量准则。因为这些习俗、惯例和法规的形成，其实也和交易成本有关。一个社会通过这些习俗惯例，能有效地降低合约费用。例如，唐骏要是自己可以选择，他肯定不愿意公开自己的真实学历，但是现在这个事情被媒体广泛报道，引起很大的负面效应。他的学历是否构成个人隐私而与别人无关呢？要知道，一张学历证书并非仅仅是私人的事，学历本身就是一种个人在社会中的身份鉴别，其对应的是一系列的应聘、取得社会身份的行为，伪造学历等于通过造假行为在竞争中减少对手，当然属于“公共事件”，不构成个人隐私。唐骏如果取得西太平洋大学博士证书后，束之高阁，秘而不宣，当然不会构成造假。然而，他用之于自己的个人简历和出版书籍上，构成了一种身份识别。这其实是一种侵权行为，侵犯了其职场竞争者、所在公司的股东等人的权利，不构成个人隐私。

权利界定清楚，哪些事情属于或不属于个人隐私就容易分清楚了。因此可以这样说：权利之外即隐私。顺便提一下早前沸沸扬扬的郭德纲事件，郭德纲和一众弟子如果是去酒吧喝酒，醉态被娱乐记者拍下，登载于报端，那他只能自认倒霉，不会说记者涉其隐私侵其权利。但是记者如果未经同意，闯入他家，这属于明显的侵犯产权的行为了。香港八卦周刊的许多偷拍行为，就游走于合法与非法的边缘地带。比如，狗仔队对娱乐明星的跟踪，对其住所的偷拍，这种行为如何界定并非一件容易的事情，官司也时有发生。但记者的胆子再大，也不敢不经同意翻墙进入别人的家中进行拍摄。

从 101 次“抛硬币”里能看到什么？

一枚硬币，连续被抛出 100 次正面，现在抛第 101 次，出现正面的概率是多少？这是许多人都曾接触过也认为很简单的一个问题。从科学理性角度来看，答案是很简单的，因为概率论告诉我们，第 101 次正反面出现的概率是一样的，和前面抛了多少次无关。

然而，如果把这段文字描述的问题置于真实世界的场景之中：你看到张三在抛硬币，连续抛出了 100 次正面，现在张三继续抛。这次会出现正面还是反面？恐怕大多数人脑海中会毫不犹豫地认为第 101 次很可能也是出现正面。当真实世界被概括和抽象为有限的文字描述之后，形成了其他条件不变的基本假设，可能会疏漏了一个信息：人们会不会作弊？这个硬币是日常所用的那种国家标准货币吗？

一旦将命题置于真实世界中，我们肯定会考虑其他因素的影响。

当看到一个人连续抛出 100 次正面，我们会想这枚硬币多半和《至尊无上》里刘德华所用的那枚硬币一样，或会揣测这枚硬币可能经过特殊加工，重心有问题，导致总是正面向上。

新制度经济学家常常批评那些脱离现实世界的经济学为“黑板经济学”，例如科斯就说：“当经济学家发现他们不能分析真实世界里发生的事情的时候，他们就用一个他们把握得了的想象世界来替代。”“黑板经济学”家会告诉你，硬币有两面，抛一次出现任何一面的机会都是50%。所以，当看到张三在抛第101次硬币的时候，他会说，50%机会出现正面，50%机会出现反面。模型没错，推理也是对的，但是忽略了局限条件。

忽略了真实世界约束条件的命题，是数学，是逻辑学，但和经济学无关。而究竟是哪些约束条件影响了结果，这就是经济学所要致力研究的问题。在“黑板经济学”里，前面的100次正面是一个毫无用处的信息。而在真实世界的经济学里，前面100次是一个重要的信息。虽然事实不能用来解释事实，前面100次正面不能构成第101次是正面的原因。然而每次的抛掷，都是一个实证例子，可以用来推测影响结果的现实因素，这些现实因素很可能会推翻原本的命题。“黑板经济学”的模型可能复杂精巧无比，推算论证过程可能让人叹为观止，但放诸真实世界，很可能得出错误的结论。在抛硬币案例中，由于约束条件的变化，“抛硬币出现正面的概率为50%”这个命题最后很可能会变成“两面都是正面的硬币，抛出正面的概率为100%”。

我们走出这个虚构的例子，来看看历史上这样一个事件。

第二次世界大战期间的德国，纳粹党四处搜捕犹太人送往集中营。贾迪·波德默老人召集家人商讨对策，决定向人求助。而在“应该找谁”的问题上则出现了分歧，他的两个儿子认为应该向银行家金·奥尼尔求助，因为波德默家族有恩于他，他也曾多次表示要予以回报。贾迪·波德默老人却认为应该向木材商人拉尔夫·本内特求助。波德默家族多次受过他的帮助，才有了今天的家业。后来大儿子艾森·波德默去找木材商，二儿子改去找银行家。最终大儿子在木材商的帮助下逃过大难。那个受过波德默家族恩惠的银行家，则出卖了他们。固然知恩图报是一种公认的基本道德标准，如果遇上小困难，他们去找这个银行家，无论银行家帮与不帮，问题都不大。但是，那个时刻不允许试错。

从经验主义角度来看，“木材商曾经给予他们多次无私的帮助”无疑是比“银行家不曾帮助过他们”更值得选择。如同抛硬币，连续出现 100 次正面，第 101 次也出现正面的机会很大。在性命攸关的时刻，贾迪·波德默老人有着经验主义的现实智慧，大儿子因此得以逃出生天。我们不能想当然认为银行家会报恩，也不能想当然地用“抛硬币出现正反面概率一样”的文字去推测世界。

多年前，著名学者张志扬在书中写道：“我的经历向文字转换时有苦于表达的失重状态。”“苦难向文字转换为何失重”的问题发人深思，也说明了文字无法涵盖和把握现实世界的所有细节，而很可能，“魔鬼就在细节当中”，这是致力于真实世界研究和解释的人不应该忽略的。

盖茨劝捐与子贡赎人

早前，比尔·盖茨和巴菲特来到中国举行慈善晚宴，因为蒙上“劝捐”的面纱而颇受关注。这两位超级富豪在各自的市场上纵横捭阖冷酷无情，但却捐出自己几乎所有的财产成立慈善基金，用于世界范围的扶贫助困。这两种看似矛盾的观念，其实恰恰反映出一个鼓励公平竞争的社会也能鼓励慈善行为。

而这两人联手推动的一项史无前例的计划，旨在督促美国的几百位顶尖富豪，如同他们一样，捐出自己多数财产用于慈善事业。如果得偿所愿，他们将至少募集到 6000 亿美元天文数字的慈善基金。他们更是雄心勃勃地将计划扩展到其他国家和地区，此前他们来到中国，游说中国的富豪。

他们捐出自己几乎所有的财产成立慈善基金，用于非洲艾滋病治疗等慈善事业，这当然是好事一桩。但是以此劝捐他人，以己之善高标于他人，却很可能会好事变坏事。如果说他们能够倾己之所能做慈善，是一个道德高尚的人，那么某位富豪连 50% 的财富也不愿意捐出，这是不是等于说他的道德肯定好不到哪里去？

我们不能说捐了所有财产的比尔·盖茨就比捐了一部分财产

甚至完全不捐的人品德高尚一些。慈善不应该拔高到一般人都无法承受的地步，否则只能让人退避三舍。

类似的例子其实历史早已有之，《吕氏春秋》记载的子贡赎人就是一个。当时的鲁国有法律规定，鲁国人救赎在国外沦为奴隶的同胞回国，可以找政府报销赎金。孔子的弟子子贡一次出游外国，赎了一个人回来，但不愿意去国库领取赎金。孔子不但不表扬他品德高尚，反而批评他的不是，认为他去领回赎金毫无损害其品行。但是如果拒绝领取，则树立了一个很坏的榜样，人们日后在外面见到沦为奴隶的同胞，不会再赎回来了。

孔子的时代早已远去，现代社会对经济制度运作的认识当然也是今非昔比。市场交易是提高双方福利的行为，企业家积累了巨额财富，是因为他们提供了大量的产品或服务，增进了消费者的福利。比如身家高达数百亿美元的比尔·盖茨，其主导开发的窗口软件让电脑走进千家万户，极大地提高了人们的生活和工作效率。

用孔子的话来说，比尔·盖茨是否捐献自己的财产，丝毫不影响他的品德。鲁国人救回自己的同胞，国家给以报销，是鼓励这种行为的制度安排。比尔·盖茨开发的软件在市场中胜出，赚取的巨额财富就是他们的回报，这是市场制度的安排。

把慈善和道德的标准定得过高，非但无益于善事，甚至对市场本身的运作可能也是一种破坏，容易让人对财富产生两极情绪，或为了赚钱置法律和契约精神于不顾，或动辄云“罪恶的阿堵物”，追溯资本主义的原罪。有些地方的制度就值得借鉴，如日本法律规定接受物品返还的人，应该向拾得者给予物品价格5%～20%的酬金。德国、瑞士等地方也有类似的规定。

做个最能泽被苍生的慈善家其实非常容易，偷偷把自己的钱付之一炬，就能帮助到其他人。当然没人会这么做。恻隐之心人皆有之，但也需要制度的协助：切实保护好私有财产，不仇富，不逼捐，不劝捐。倘若把道德标准高高架起，超过大多数人能接受的范围，这是一种立圣的行为，只能让多数人等而下之，并无助整体道德水平的提高。

萨拉的试验

在网络上我们经常会碰到抵制某国商品的声音，例如“如果中国人1个月不买日货，日本将有数千家企业面临破产。如果中国人6个月不买日货，日本将有一半人失业。如果中国人1年不买日货，日本经济结构将彻底瓦解”。这是欲断己一指而伤彼五指的心态，反映出来的是在国际贸易知识上的无知。当然，他们大抵上是口号式的情绪宣泄而已，很少有人会从自己做起付诸实际行动。

有一位女记者不同，她并没有怂恿或勒令别人应该抵制某国商品，而是自己亲力亲为。大概是2004年，这位名叫萨拉的美国女记者发现收到和送出的圣诞礼物大多贴着“Made in China”的标签，而检索身边所见所用几乎都是中国制造，心血来潮之余，她决定尝试一个为期一年的抵制中国货的行动。她为此说服了丈夫和孩子，一家人进行尝试，看一年内不用中国货，美国人能否生存下去。她的试验写成了一本畅销书《离开中国制造的一年》。

由此她的生活起了很大变化。为了拒绝随处可见9美元的中国鞋，她辗转花费了2个星期才为4岁的儿子维斯购买一双产自意大利的运动鞋，并且价格是中国的7倍多。因为找不到非中国制造的人道捕鼠器，只能任由老鼠肆虐。儿童玩具、墨盒、DVD 机、太阳镜等，寻找这些很普通的商品现在都成了一种困扰。孩子们感到失望，掰着指头期待一年期限的到来。

这就是抵制中国制造的后果。当然，这只是萨拉家庭内部的一个试验，后果也自己负担。而在此过程中，她也留意到媒体报道的中美贸易导致本国岗位减少的问题。“我在报上看到，过去四年中国获得了 800 万个制造业岗位，与此同时，有几百万个美国人和欧洲人丢了工作”。

很多人抱有类似的忧思：如果中国货继续攻城掠地，越来越多的商品 Made in China，那么不是表示越来越多的美国人没事可做了吗？

这种观点其实有着逻辑上的不可调和性，设想一下推到尽头，全部美国人都不干活，还源源不断地有中国货物运过来，岂非是神仙乐事？要知道，贸易是互通有无的行为，卖得越多，也意味着买得越多。美国越来越多中国制造的同时，其实中国也越来越多的美国制造。由于比较优势不同，各有擅长而已。除非有人愿意辛勤工作，仅仅是换回他国的纸钞来欣赏。

当然，美国会有部分人受到比较优势下的国际竞争冲击，会导致租值减少。对投入了资源做鞋的人来说，因为面临竞争，的确有损失。然而，由于廉价商品的大量进入，生活成本降低，真正的收入其实还是增加的。一个人月薪 4000 美元，本来要花费 60 美元买一双鞋，现在中国货只需要 9 美元。这些人可以改行去从事其他行业，如果工资向下调整，比如月薪降到 3000 美元，他们能够买到的东西也是比用本国货的时候大为增加的。也就是说，外来廉价商品进入，等于大幅度降低了物价，即便名义工资降低一些，福利还是增加了的。然而，这些行业会形成工会势力，禁止降薪，并且施加政治影响，支持通过针对中国的反倾销法案。其后果就是保留了没有竞争力的行业，大多数人因此受损。

萨拉的试验一年后终止了，她的丈夫和孩子很开心，可以继续购买到价格低廉、种类繁多的中国货了。这说明要抵制某一个国家或者地区商品的困难，人性自私，总希望享受得最多，这是需求定律。然而，包括高额关税、贸易管制、反倾销等的贸易壁垒在许多国家都不鲜见，这里有知识上的误区，更主要的是利益团体的压力。

塞翁失马不是福

淘气的小孩踢球时打碎了旁边窗户的玻璃，房主当然很恼火。有人说，这不一定是坏事，因为玻璃工人不至于失业。玻璃工人的确因此有事可干，但房主却蒙受损失。巴斯夏驳斥道："你没有看到的是，如果他不用修补这扇窗户，那么，或许就可以换掉自己的旧鞋，或者给自己的书架上再添一本新书。"

所谓破窗理论的荒谬本应不难发觉，然而类似的言论在我们身边却比比皆是，这倒是值得思考的。洪水冲坏了小镇，他们会说，小镇有了重新规划和建设的机会，会比以前更合理、更美丽；地震导致楼房崩塌，道路损毁，他们说重建需要大量的水泥、钢材和其他物资，各种行业会受刺激而振兴，经济会因此复苏；美国遭受"9・11"恐怖袭击，他们又说，美国人空前团结，原本萎靡的经济环境或得到改善，并且在国际上的领导地位又大大增强。一言以蔽之，都说是因祸得福。

我以为，国人相信这些谬论，是因为故事的原型其实在中国，并且早已经街知巷闻。《淮南子》里的这个故事，其实便是老子"祸兮福之所倚，福兮祸之所伏"思想的演绎。

"因祸得福"这个词的结构可能亦是容易让人思维混乱的原

因之一，人们易将之解释成“因为遭受祸，所以得到福”。网络搜索，《史记》有云：“越王勾践栖于会稽，复残强吴而霸天下，此皆因祸为福，转败为功者也。”勾践如果早有志气，何必要等到困于会稽卧薪尝胆图奋发？由此，因祸得福之因，不应解为“因为”，而应该和“因势利导”之“因”相同，作“顺着”“从”之意。因祸得福仅仅表示从祸转向福的过程，不包含任何因果关系。这样理解，才不会陷入福兮祸兮分不清的糊涂境地。

“塞翁”们屡有新说。高速公路经常塞车，在运力受到约束的情况下，减少耗散的最优模式无疑是灵活运用价格手段。然而也有人认为，塞车了不一定有损失，有些人因此有机会观赏一下风景，他们的时间反正也不值钱，闲着也是闲着。春节期间火车票难买，有人说不能价格调节，因为有些民工时间成本为零甚至是负数，这样的话不由让人哑然失笑。时间成本为负数，意味着排队对某人来说，是一种享受和收入。

堵车中无意欣赏到绝佳风景，排队买车票的过程中突然感到很高兴，这些都如塞翁之马走失却带回了另一匹马，并不表示“失马是一种收入”。你可以祈祷车堵在一处绝佳景色之处，也可期盼排队的时候意外捡到宝物，但并不代表你的时间成本是零甚至负数。利率永远大于零是由于人性不耐[①]，这是费雪《利息理论》的核心表达。

塞翁失马焉知非福的话，唯一的用途是用来安慰别人不要去

① 人们希望提前享受的不耐心情。

寻死觅活，未来会有转机。这样似是而非的言语，对经济学思维毫无助益。用经济学的逻辑来看，塞翁失马是真真实实的损失，而失马带回另外一匹马，那是意外盈利（windfall profit），顾名思义，纯属意外，两者不存在因果关系。并且，我们同时要如巴斯夏那样清醒：看得见的是塞翁多了一匹马，看不见的是胡人损失了一匹马。

末日经济学

在玛雅人预言的世界末日前夕，据美国科学网站报道，一颗直径为 5.4 千米的小行星在距离地球 690 万千米处，以 3.5 万千米的时速高速掠过。对这个消息，当时网友调侃：以这个时速走完 690 万千米，到达地球刚好是 8 天多，也就是 12 月 21 日一早，正吻合传说中的玛雅人预言中的世界末日。

好莱坞对末日话题不乏想象力，电影《2012》里地裂山崩的镜头让很多人记忆犹新；国内某城市人们慌忙去抢购蜡烛，因为相信会黑暗三天的消息；网络商家也嗅到商机，推销着末日船票、末日装备避难包、末日 T 恤等商品；有公司更趁机放末日假期……

这种由于行星撞击、玛雅预言等构成的末日论，人们大多是作为娱乐上的消遣，真信者不多。而另一种末日论却大有市场，当中甚至不乏著名科学家。这种论点不是基于外来因素，而是认为人类本身不断膨胀的人口、有限的资源以及日益受到污染的自然环境，人们会自我毁灭。

1972 年欧洲学术团体罗马俱乐部发表名为《增长的极限》的报告，认为由于石油等自然资源的供给是有限的，经济增长不可能无限持续下去，因此必然会面临世界性灾难。这本书累计销量高达 3000 万册，在全世界挑起了一场持续至今的辩论。

斯坦福大学生物学家保罗·埃利希曾写过《人口炸弹》和《富裕的终结》等书，悲观地预言人类前景，“1985 年以前，人类将进入一个匮乏的时代。在这个时代，许多主要矿物供开发的储蓄量将被耗尽。”他曾预言 20 世纪七八十年代，会有数以亿计的人因大饥荒死去。

而经济学家朱利安·西蒙则对前景表示乐观，他认为人类社会的技术进步和价格机制会解决各种问题，资源不会枯竭，价格不但不会大幅度上升，还会下降。两人由此打赌十年后金属价格或升或降，各以假想方式购买了价值 1000 美元的 5 种金属，如果到时扣除通胀因素价格涨了朱利安·西蒙要补偿涨了的价值给保罗·埃利希，否则相反，保罗·埃利希要补偿给朱利安·西蒙所跌值。

结果，朱利安·西蒙收到保罗·埃利希寄出的 576 美元。虽然这十年世界人口增加了 8 亿，但是他们选择的这五种金属价格全部都有下降，有些降幅甚至超过一半。而石油能源也一样，从 20 世纪 80 年代开始一直到 20 世纪末，除了因局部战争造成突发性上涨外，价格总体趋势却是不升反跌的。

这也带来一个有趣的现象，经济学家一般会比科学家更乐观。当然，200 年前的马尔萨斯是例外。虽然现实中累次证伪了他们的预言，但是类似说法总是层出不穷。按照他们的说法，由于技术发展不可能跟得上资源的消耗，所以人类早已经灭亡了。一开始，他们说土地有限，养活不了这么多人，但是后来人口多了不少，农业从业人员却大幅下降。比如在过去200年里，美国农业人口比例从接近50%下降到1%，也早已不存在所谓的温饱问题了。其他发展中国家农业人口也在不断下降。

农业上的谎言破灭后，末日论者又转到了工业，他们认为工业的基础石油储藏量有限，迟早用完，有些甚至计算出几十年就可以用完。然而，随着现代勘探技术的发展，越来越多的储藏被发现，并且核能、太阳能等也得到更广泛的应用，人类未来技术完全可以找到新能源替代物。根据报道，日本将在2030年前在太空建造太阳能发电站，通过激光束和微波将电能传送回地球，实现日本清洁能源无限化的梦想。而相关的技术研究，国内也已经开始有企业加入。

相信未来某天，人类完全可以解决目前所谓的能源问题，传统的石油、煤炭等甚至会被彻底抛弃。科学家受到一个时期的技术约束，从而易发悲观之论，而经济学家却知道市场制度的威力，某种能源价格大涨，利润鼓励之下，人们会想方设法去寻找替代物，粮食也是如此，没有什么是不可替代的，这也促进了各种技术创新和突破。当然，这需要一个能够保护个人自由和产权的制度，财富能够积累，人们才有探索的动力。

附 录

“考拉看看”是创生文化旗下品牌，定位为优质内容运营平台，致力于成为中国领先的内容运作商，中国财经创作与出版知名品牌。目前，考拉看看已经涉足企业和商业案例研究、优质内容数据挖掘与营销、品牌传播、定制书籍出版、内容运营、内容IP孵化、培训课程开发等与优质内容相关的业务。

作为中国首屈一指的定制内容运作与文化力打造品牌，考拉看看迄今已服务或研究过的内容案例包括腾讯、TCL、大疆无人机、陌陌、华为等，团队核心成员已服务过超过200家上市公司，同时服务过多地政府部门项目。

考拉看看打造的内容与文化力的典型案例包括褚时健内容运营（传记、管理法、营销、励志、口述史等不同角度的系列作品）、褚橙品牌与文化力项目、外汇专家何志成个人微信讲座IP项目、经济学家高小勇内容IP项目，四川省投促局招商引资内容项目、重庆市交委品牌内容项目、西南财经大学内容挖掘项目、大数据专家周涛内容运营项目、金融学家曾康霖内容运营项目、经济学家刘诗白内容运营项目。